アクション・リサーチでつくるインクルーシブ授業

「楽しく・みんなで・学ぶ」ために

新井英靖

［著］

ミネルヴァ書房

目　次

序　章　特別支援教育の「常識」をとらえなおす……………………………1
　1．特別支援教育を発展させるとインクルーシブ教育になるか？……………1
　　（1）学習困難児に対する「特別な支援」の必要性とその特徴…1
　　（2）ユニバーサルデザインの授業づくりに対する批判的検討…2
　2．インクルーシブ授業に必要な「共同性」の創出……………………………4
　　（1）協同学習の二つのアプローチ（認知・行動 vs 社会・情緒）…4
　　（2）社会構成主義にもとづく教育実践の展開と課題…5
　3．インクルーシブ授業を分析する視点……………………………………7
　　（1）「つながり」の形成と当事者性の重視…7
　　（2）「共同を紡ぐ過程」を重視した授業づくり…8
　　（3）感情や価値が交錯する教育実践の創造…8
　4．質的研究にもとづく授業分析の方法……………………………………10
　　（1）質的研究の目的と仮説生成過程…10
　　（2）反省的実践として授業を分析する…11
　　（3）アクション・リサーチによる授業分析の方法…13
　　（4）授業エピソードを記述する視点…14
　5．インクルーシブ授業を分析する手続き……………………………………15
　　（1）アクション・リサーチの手続き…15
　　（2）授業エピソードを記述する手続き…16
　　（3）解釈的記述の方法…17

第Ⅰ部　「学ぶ」とはどういうことか？――インクルーシブ授業の学習観

第1章　「参加」という視点から授業づくりをとらえなおす………………24
　1．特別支援教育＝補償的アプローチの限界……………………………………24
　2．インクルーシブ教育は実践を多面的にとらえること………………………26
　3．感情の揺れ動きをとらえて授業参加を促す指導……………………………29
　4．インクルーシブ授業を創造するための学習観………………………………31
　　（1）子どもの「学び」は個々に異なり，多元的なものである…31
　　（2）子どものストーリーと教師の意図を重ね合わせる…32

i

第2章　算数の「つまずき」のとらえ方と授業づくり……………………35
　1．論理的思考力を育てるために必要な生活経験……………………………35
　2．算数指導と特別支援教育の特徴……………………………………………37
　3．計算障害の子どもの認知特性と算数指導の課題…………………………38
　4．算数の教材を社会・文化的な視点から考える……………………………40
　　（1）操作活動ではなく，社会・文化的活動としてとらえる…40
　　（2）算数指導における必然性と価値のある問い…41
　5．遊びやゲームを取り入れた授業づくり……………………………………43

第3章　算数指導における感覚と身体の重要性……………………………47
　1．感覚と身体を基盤にした論理的思考力の育成……………………………47
　2．さわって，試して，感じる算数の授業……………………………………48
　　（1）天秤ばかりで遊ぶ子どもたち…48
　　（2）天秤ばかりの魅力は何か？…49
　3．解いてみたくなる「問い」の設定…………………………………………50
　　（1）「遊び心」のある課題設定…50
　　（2）さまざまな学習活動のなかで法則を学ぶ…53
　4．図形指導における直感と違和感……………………………………………55

第4章　感覚と身体を通して読み，想像力を育てる授業…………………59
　1．想像力を育てることの困難さ………………………………………………59
　2．登場人物の気持ちを考える国語の授業……………………………………60
　3．感情を投影することができる授業展開の工夫……………………………62
　4．「おかみさん」の視点で考えられるようにする授業の工夫………………63
　5．「たぬきの糸車」は恩返しのお話か？……………………………………66
　　　　――多様な読みへといざなう授業づくり

第Ⅱ部　「教える」とはどういうことか？――インクルーシブ授業の指導性

第5章　「わかる」を重層的にとらえる国語の授業づくり………………72
　1．ユニバーサルデザインの国語の授業づくりに対する批判的検討…………72
　2．言語的・認識的に考え，答える授業から脱却する………………………73
　3．物語を実感するために「視覚化」や「動作化」を用いる………………75
　4．「読みを共有する」授業の方法……………………………………………76

5．個に閉じられた「わかる」から抜け出し，感じたことを他者と共有する……… 79

第6章　国語の授業を「文化的実践」としてとらえなおす……………… 82
　　1．「文化的実践」のなかで社会的想像力を育てる……………………………… 82
　　2．学びのカリキュラムを創出する「かっとばす」体験………………………… 83
　　3．イラスト（視覚化）から得られる多義的な「印象」の重要性……………… 85
　　4．文化的実践のなかで学びを共有化する………………………………………… 87

第7章　学習困難児の「参加」を促す授業設計の方法………………… 90
　　1．わかりやすい授業とはどのようなものか？…………………………………… 90
　　2．子どもを教材世界に誘い込む「導入」の工夫………………………………… 91
　　　（1）先生を囲んでお話を聞く授業の「導入」…91
　　　（2）「お宝ボックス」を使った授業内容の理解…92
　　3．能力差のある子どもたちが集団のなかで学びを深める授業づくり………… 94
　　　（1）一人ひとりに異なる課題を与える…94
　　　（2）ペア学習を通してとなりの友だちから学ぶ…95
　　4．授業をダイナミックな過程としてとらえる…………………………………… 97
　　5．子どものちょっとした「しぐさ」や「つぶやき」をひろう………………… 99
　　　（1）課題を易しくするのか，個別的な指導が必要なのか？…99
　　　（2）必死で考えるH児への指導と学習参加…100
　　　（3）感覚的に反応するI児の「つぶやき」をひろう…101
　　6．授業中の何気ない「しぐさ」や「つぶやき」をひろう指導技術…………… 102

第8章　学習困難児が教材や他者と「つながる」授業づくり………… 105
　　1．「学び合い」を通して子どもたちが「つながる」授業……………………… 105
　　2．読解から表現へ意識を切り替えるための導入の工夫………………………… 106
　　3．固着した考えから抜け出せるようにする発問の工夫………………………… 107
　　4．さまざまな要素が織り合わさって「わかる」につながる…………………… 110
　　5．「集団をアレンジメントする」という教師の指導性………………………… 113

第Ⅲ部　「ともに学ぶ」とはどういうことか？——共同的な学びを創り出す授業の展開

第9章　認識と感情を集団のなかで結ぶ授業づくり…………………… 118
　　1．「学びの共同体」を形成する課題……………………………………………… 118

2．課題を感性的にとらえることで多様な子どもを包括する……………119
　　　（1）認識的な工夫の効果と限界…119
　　　（2）感性的な課題として再構成する…120
　　3．多義的な抽象語こそ共同的な学習のキーワード……………121
　　　（1）「美しい」とはどういうことかを語り合う…121
　　　（2）ハートマークや笑顔マークをつけていく…123
　　　（3）「美しさ」を引き立てる悲劇的なラスト…124
　　4．一人ひとりのイメージを鮮明にする「話し合い」の方法……………125
　　　（1）多角的に読み取る基盤をつくる…125
　　　（2）気持ちの揺れ動きは「群島」のイメージ…126
　　5．「弱いつながり（群島）」を形成する授業づくり……………128

第10章　共同的な学びを創り出す言語活動の展開……………131
　　1．言語と感性・情緒を結びつける学習活動の展開……………131
　　2．さまざまな見方や考え方を重ね合わせる授業づくり……………132
　　　（1）目に見えない「性格」を読みとる…132
　　　（2）登場人物の気持ちを「一体的」にとらえる…134
　　　（3）宮沢賢治という作者論からの検討…135
　　3．感動したことを表現し集団で共有する……………136
　　　（1）作り方を教える「俳句づくり」から抜け出す…136
　　　（2）さまざまな形で「思い」を表現し，評価する…139
　　4．自己の独自性が他者との重なり合いから生まれる授業づくり……………140

第11章　中学校生徒の「つながり」を生み出す教育実践の創造……………142
　　1．中学生の生徒指導上の課題と教育的アプローチの方向性……………142
　　2．学校の「周辺」にいる生徒の表現活動……………143
　　　（1）学校の課外活動と「つながる」…143
　　　（2）授業のなかに「つながり」を生み出す…145
　　3．切実な問いを紡ぎ出していく社会科の授業を創造する……………146
　　4．社会科における言語活動の展開……………148
　　　（1）縄文時代の人々の食生活に思いを寄せる…148
　　　（2）地理における社会的なものの見方・考え方と言語活動…149
　　5．教科の本質にふれることで自己変成が生じる……………150

終　章　インクルーシブ授業の原理と指導方法……………154

目　次

1．インクルーシブ授業を支える学習観と指導方法……………………………………154
（1）「学ぶ」とは状況のなかで情動的に交流すること…154
（2）「教える」とは「わかる」を重層的にとらえ，動的に「つなぐ」こと…155
（3）「共同的に学ぶ」とは「個人と社会」「認識と感情」を重ね合わせること…156
2．インクルーシブ授業研究の今後の課題と展望…………………………………………156

あとがき
索　　引

序　章　特別支援教育の「常識」をとらえなおす

1．特別支援教育を発展させるとインクルーシブ教育になるか？

（1）学習困難児に対する「特別な支援」の必要性とその特徴

　クラスで学習についていけずに困っている子どもがいるのだから，通常の学級であっても特別な支援を提供する。どのように支援したらよいかわからないでいる通常の学級の担任教師には学校全体でその方法を考え，個別の指導計画を作成し，一貫して，継続した支援を提供する。21世紀になって日本ではこうした内容を骨子とした特別支援教育の改革が進められてきた。これは，通常の学級に在籍している子どもであっても「困っている子どもがいれば支援する」という極めて人間的な思いが根底にある教育改革であるといえる。こうした特別支援教育の考え方を通常の学級の教育実践にも適用することができるならば，たしかに，理念的には特別支援教育をインクルーシブ教育へ発展させることができるかもしれない。

　しかし，こうした理念を実践の場において具体化しようとすると，とたんに「分離」的な側面が見え隠れする。たとえば，文部科学省が示す特別支援教育推進のガイドラインでは，通常の学級に在籍する子どもの「学習面や行動面で特別な教育的支援が必要な児童生徒に早期に気付く」ためのチェックリストが掲載されている（文部科学省，2004）。もちろん，このチェックリストは障害を確定できるものではなく，単に子どもの状態を把握することを目的として作成されたものであるから，チェックリスト自体が「分離」を助長するものではない。一方で，通常の学級の担任教師がこのチェックリストを活用し，「あの子は特別な支援が必要な子どもであった」と理解したら，他の子どもとの「差異」ばかりを意識してしまい，「特別な学校や学級に移って，専門性の高い先生に指導を受けた方がよいのではないか」と考えてしまう教師がいても不思議なことではないだろう。

また，特別支援教育では，「気になる子ども」を判別するだけではなく，「特別な教育的支援が必要な児童生徒の実態把握」をふまえて，「学級担任の指導への支援方策を具体化する」ことも重要であると考えられている。そのため，文部科学省が示す特別支援教育推進のガイドラインでは，学習障害（LD）やADHD，高機能自閉症の特徴と通常の学級において実践できる対応方法を具体的に示した（文部科学省，2004）。現在，こうした知見を発展させ「『つまずきのある子どもたち』の困難を解消する」ために，「学級・授業バリアフリー化」の方法や，学級のすべての子どもたちにとって「あると便利な支援」を提供する授業のユニバーサルデザイン化の方法が検討され，実践現場に広められている（花熊，2011，10）。

　2006年に採択された障害者権利条約においても，基本的にこうした視点からインクルーシブ教育を進めていくことが必要であると指摘されている。すなわち，障害者権利条約では通常の学校に通う障害児に対して「合理的配慮」を行うことが必要とされているが，日本における「合理的配慮」に関する検討では，通常の学校・学級においてバリアフリー・ユニバーサルデザインの観点をふまえた適切な施設を整備することや，一人一人の状態に応じた教材等の確保（デジタル教材，ICT機器等の利用）が必要であると考えられている[1]。筆者も，こうした合理的配慮は，それがなければ通常の学級の授業に参加できない子どもたちにとって「権利論」的に不可欠の対応であると考えている。そして，こうした支援があれば，通常の学級の授業に参加できるようになるのであれば，それがインクルーシブ教育を推進する対応であると考えることに異論はない。

　しかし，筆者には障害特性に応じた特別な支援や合理的配慮を提供するだけで，特別支援教育に潜む分離的側面が排除され，インクルーシブ授業が創造できるとは思えない。なぜなら，バリアフリーやユニバーサルデザインの授業づくりで紹介されている方法は，あくまでも子どもの学習上の「困難」を想定し，それを取り除く方法を通常の学級のなかでどのように提供するのかについて検討するものだからである。

（2）ユニバーサルデザインの授業づくりに対する批判的検討

　この理由についてもう少し詳細に検討するために，ユニバーサルデザインの授業づくりの特徴についてみていこう。ユニバーサルデザインの授業とは，「教科教育と特別支援教育の融合」であり，「優れた教科の授業から特別支援教育の視点を導き出すこと」や「全体指導が困難な子への個別指導の方法や教科の補充指導のシステムを特別支援教育の研究成果に学ぶこと」によって，両者を「別物」ではなく，

「連続的」なものにしていくことであると考えられている（桂，2012：447）。

　たとえば，ユニバーサルデザインの授業づくりのなかで多く用いられているイラスト提示などの視覚化は，聴覚的な情報を一時的に保存しておく記憶（ワーキングメモリ）に困難のある学習障害（LD）児の特性を意識したものであるが，こうした対応は他の子どもの内容理解にも有効であると考えられている（竹田，2000など）。また，授業の展開がわかるように指示の出し方を工夫したり，わかりやすいワークシートを用意するなども，授業の流れを想像することが苦手な発達障害児の特性をふまえた授業づくりの工夫の一つであると考えられる。そして，こうした工夫は，同時に他の子どもにとっても「あると便利なもの」であると考える点にユニバーサルデザインの授業づくりの特徴がある（久保，2011など）。

　このように，理念的には，ユニバーサルデザインの授業づくりは通常の学級の指導方法を改善するように見受けられる。しかし，ユニバーサルデザインの授業づくりでは，子ども一人ひとりの学びの過程や，そこで生じる葛藤あるいは試行錯誤をあまり考慮しようとせず，発達障害等の認知特性から「困難の状態」を理解し，それを取り除く方法を提案しているものが中心であることは否めない。この点について，海津は，「単に視覚的な支援や，板書や教室掲示の工夫といった『提示』の多様化のみをもって授業のユニバーサルデザインが実現できたとは考えにくく，『反応や表出』『参加（従事）』といった枠組みをも含めた全体へのアプローチが不可欠である」と指摘している（海津，2012：52）。また，柘植は「障害のある子どもには視覚支援が良いとされ，様々な視覚支援であふれているような授業に出会う」が，「視覚支援がなくても学んでいける力を育てることも必要ではないか」と指摘している（柘植，2011，5）。

　さらに別の角度からユニバーサルデザインの授業づくりの課題について検討してみたい。能力的に高い秀才児（ギフテッド）に対しては，「無駄な反復を防ぎ，より高次の学習に向かえるようにカリキュラムを工夫する」ことが必要であると指摘されている（小倉，2009：118-119）。こうした学習進度の早い子どもへの対応について，ユニバーサルデザインの授業づくりに先駆的に取り組んできたある小学校では，ワークシートの種類や問題の数に幅をもたせたり，授業中に課題が「早くできた子」には後ろの黒板に書かれた問題を解くように指導することで，「できる子」の能力も伸ばしていけると述べている（授業のユニバーサルデザイン研究会，2012：60-61）。

　しかし，このような対応が果たして「ユニバーサル」あるいは「インクルーシブ」な指導といえるのだろうか。すなわち，「勉強の進んでいる子ども」と「遅れ

ている子ども」という区別された子どもがいることを前提にし，子どもに合わせた課題を出すという考えのもとで，結局のところ学習の進んでいる子どもと遅れている子どもが交わることなく，異なる指導内容が提供される。これは，習熟度別指導が抱える実践課題と基本的に同じであり，インクルージョンではなく，同一学級内の分離指導であるととらえることもできるのではないだろうか[2]。

　以上のように，ユニバーサルデザインの授業づくりは，一見すると，インクルーシブ教育を推進しているように見えるが，その方法を具体的に吟味すると，他の子どもとの差異を明確にし，それを可能な限り平準化するための特別な方法を提供しようとするものであると考えられる。窪島はユニバーサルデザインの授業づくりに対して，「一人ひとりの子どもの違い，多様さに応じた学習の指導をその場の子どもとの関係の中で様々な形に作り上げていくという発想」がまったくない「指導の平準化，画一化である」と批判している（窪島，2014：86）。筆者は，ユニバーサルデザインの授業に対してこうした批判が生じるのは，「差異の明確化から特別な支援の提供へ」という特殊教育時代から続く教育原理が温存していることに原因があるのではないかと考えている。

2．インクルーシブ授業に必要な「共同性」の創出

（1）協同学習の二つのアプローチ（認知・行動 vs 社会・情緒）

　前節までの議論をふまえると，ユニバーサルデザインの授業づくりを超える原理と方法を見出すには，「差異の明確化から特別支援の提供へ」という道筋で実践を考えるのではなく，「差異を承認し，共同する授業づくり」の方法を検討しなければならないだろう。筆者は現在の特別支援教育研究がこうした課題を解決できていない理由の一つとして，子ども理解や実践方法のモデルがあまりにも認知や行動に偏重しているからではないかと考えている。

　たとえば，インクルーシブ教育の重要な実践形態の一つとされている協同学習に関する研究の中には，応用行動分析学の概念である「集団随伴性」という点から検討しているものもある。そこでは，「互恵的な相互依存関係」を形成するために，互いに協力し合い，助け合い，支え合う「課題（目標）の設定」が重要であると指摘されている（涌井，2014：16）。これは，簡単に言えば，「協同で学ぶことに困難がある子ども」に対して，相互に助け合うことを「課題」にして指導するというアプローチである。こうした行動主義的なアプローチは困難に対する指導の方法がと

てもわかりやすく，指導の結果も見えやすいものとなるだろうが，そもそも課題を設定して指導すれば，協同学習で重要視されている「互恵的な相互依存関係」というものは生まれるものなのだろうか。

　一方，アメリカで議論されている協同学習に関する文献を読んでみると，もう少し違った文脈で議論されているように思われる。たとえば，「税金（tax）」について学習する場面では，「お金（money）」や「支払うこと（pay）」について学習するというように，学習困難児も授業に参加できるように，内容を広げて授業を展開する工夫をしていた。また，この学習では「何も言わずにあなたのお金が取られたら，あなたはどのような気持ちになりますか？」といった感情的な問いを立て，多くの子どもたちが話し合いに参加できるような工夫も例示されていた（Murawski, W. and Spencer, S., 2011: 66）[3]。

　このように，アメリカの協同学習論では，子どもの集団参加の困難を改善するために指導課題を設定するという発想ではなく，学校や教室で「修正されたカリキュラム（modified curriculum）」を生み出すことで多くの子どもが協同して学習に取り組めるようにすることが求められている。そして，こうした実践を展開するためには，認知面や行動面ばかりでなく，社会・情緒的側面にも着目した授業を展開することが必要であると考えられている。

（2）社会構成主義にもとづく教育実践の展開と課題

　近年，インクルーシブ教育の分野に限らず，学習における他者との相互作用や社会・情緒的側面を重要視する傾向が強くなっている。たとえば，国際学力調査（PISA）の基本概念であるキー・コンピテンシーは，「単なる知識や技能だけではなく，様々な心理的・社会的なリソースを活用して，特定の文脈の中で複雑な課題に対応できる力」と定義され，すべての子どもに育成すべき21世紀の学力であると考えられた。本田はこうしたキー・コンピテンシーのような能力を総称して「ポスト近代型能力」と表現しているが，こうした能力には「意欲などの情動的部分──『EQ』！」が多く含まれていると指摘する（本田，2005：22）。

　キー・コンピテンシーのような能力概念が世界的に台頭する背景には，1990年代以降の社会構成主義の考え方をベースにした学習理論や教育心理学の研究が大きく影響している[4]。たとえば，1990年代から「学びの共同体」を提唱してきた佐藤は，社会構成主義の理論は「伝統的な学校教育」において「受動的な位置を与えられてきた学習者の活動に積極的な位置を与え，…学びを再定義する方向を模索している」と指摘した（佐藤，1999：92）。また，秋田はこうした学力を育てるためには

「共同体」や「コミュニティ」が重要な役割を果たすと指摘している（秋田，2010）。さらに，ここ十数年にわたって学習意欲に関する研究を進めてきた鹿毛は，「学習の能動性やそのプロセス」に「意味づける，実践する，コミュニティに参加する，自分を創る」といった社会文化的側面が大きく関係していることを指摘している（鹿毛，2013：6）。このように，21世紀の学力を育成するには，共同体（コミュニティ）のなかで，能動的に活動しながら学習する教育実践を展開することが重要であると考えられてきた。

　以上のような研究知見は，学習困難児のいるクラスにおいても適用できると考えるべきであろう。ただし，キー・コンピテンシーに関する実践は，文脈のなかで省察し，再構成し続ければ，相互作用の力が身につくと考えられており，「話し合い」活動や「反省性（reflectivity）」が中心に位置付けられている。こうした実践を字句通りに展開したら，他の子どもと比べると言語的に劣っていて，振り返る認識力が弱いとされる学習困難児は，共同体（コミュニティ）のなかで，能動的に，そして協同的に学習することが難しくなる。

　こうしたなかで，松下は「キー・コンピテンシーの掲げる諸価値はあまりに多岐にわたり，そうした価値にもとづく要求がどのような『実践』として具体化されるのかはほとんど明らかにされていない」ために，機能主義，あるいは「空虚な価値中立性」に陥る危険性があると指摘している。そして，そうした実践とならないようにするめには，多岐にわたるキー・コンピテンシーの諸価値の間に存在する緊張関係（自律と連帯，多様性と普遍性など）をふまえ，差異や矛盾に対処できるように実践を展開することが必要であると指摘する（松下，2010：33-34）。

　このように，21世紀の学力といわれているキー・コンピテンシーは，単にクラスのなかで話し合い，活動すれば身につくというものではなく，差異や矛盾を内包した実践コミュニティのなかで学習することが重要であると考えられる。そして，欧米ではこうした協同的な学習が，差異を内包しながら，みんなで学習することを目指す「インクルーシブ教育」の推進に寄与するものであると考えられている[5]。本書は，以上のような近年の研究動向をふまえて，どのような授業を展開すれば学習困難児が学級という一つの共同体（コミュニティ）のなかで，他の子どもたちと協同的に学習できるのかについて検討することを主たる目的とする。

3．インクルーシブ授業を分析する視点

　それでは，通常の学級の授業をどのように改善していけば，差異を内包しながら協同学習を展開することができるのだろうか。以下，「差異」と「共同」をめぐる論点を整理し，インクルーシブ授業を分析する視点を明確にしていきたい。

(1)「つながり」の形成と当事者性の重視
　差異や矛盾のあるなかで共同性を創出する過程を研究したものとして，エンゲストロームの拡張的学習論が挙げられる。エンゲストロームは，単に活動していれば人は新しいことを学習できると考えるのではなく，「変化と発展の源として中心的な役割を果たす」ものは，「矛盾」＝「歴史的に蓄積されてきた構造上の緊張状態」であると指摘している。そして，こうした「矛盾」を乗り超えるために重要なものが「交渉」（コミュニケーション）と「協働」であると考えられている。ただし，エンゲストロームのいう「交渉」や「協働」とは，「事前にしっかりとした規則や中心的な権威なしに成立する」ものであり，「ネットワーク」ではなく，「はるかにつかみどころのない，即興的な現象」＝「ノットワーキング」（結び目）であると考えられている（Engestom, Y., 2008=2013：330）[6]。
　こうしたエンゲストロームの拡張的学習理論について，庄井は「ある人格が具体的な困難を，多声的に語り合い，そこから新たな人間どうしの絆，新たな共同活動のシステムを構築する」ものであると指摘する。そして，この学習論では，単にみんなで語り合い，活動していれば学習が広がるというものではなく，「『固有名』の人格の意味―世界・他者・自己への意味づけのシステム」あるいは「自己物語として絶えずつむぎ直される人生のアイデンティティ研究」として拡張するものであると指摘している（庄井，2013：162）。
　こうした「つながり」のある活動を創出し，本人にとって意味のある学習へと発展させていくという考え方は，学力研究においても同様に認められる。たとえば，黒谷は「学校での学びを脱文脈化された客観的な知識・技能，さらには活用のスキルの学習に閉じ込め，それをどれだけ身につけるかに囚われてしまうのではなく，子どもたちが世界とつながり，当事者としてその世界を描き直すことに関与しているという実感がもてる学びを構想することが課題」であると指摘している（黒谷，2012：20-34）。

また，小玉は「知ることとできることを結びつけることにあまりにも深く囚われている」学力観から抜け出し，「みなさんはこれについてどう考えますか」と問うことを重視する授業へ転換することが必要であると指摘している（小玉，2009：247)[7]。そして，こうした実践のもとでは，「誰がカリキュラムを決めるのかという問題」がきわめて重要であり，学習の当事者である地域や学校，市民がカリキュラムを決定するシステムを作れないかと問題提起している（小玉，2013：204)。

（2）「共同を紡ぐ過程」を重視した授業づくり

　こうした学習の当事者性の重視は，インクルーシブ授業の創造においても極めて重要である。湯浅は「包摂（インクルージョン）という用語から，インクルーシブ授業を『通常の学級の学習集団に特別なニーズのある子どもを包み込み，巻き込む授業だ』とする考え方は根強い」が，「このような『巻き込み』型の考え方や特別な支援を授業の一般的な対応に解消する考え方は，いずれも，特別なニーズ教育を求めている当事者の権利論からではなく，通常の学習集団への同化論が軸になっている」と批判する。そして，湯浅はそうした同化論ではなく，「多様性・差異のある子どもたちが共同して学びに値する集団を当事者の目線からつくること」が必要であると指摘している（湯浅，2015：5)。

　これは，一人ひとりの「差異」をどのようにとらえて共同的に授業を展開するかが問われているということである。湯浅は，「差異」を「とらえ方の多元的・多面的な違いを意味し，教材に対して多様な解釈を交わし合うための媒介になるもの」であると述べた上で，「発達障害のある子にとどまらず，こうした差異の表出が保障される学習の場をつくる」ことが教師に求められていると指摘する（湯浅，2014a：168)。ただし，差異を単なる「違い」として認め合うというだけでなく，分化しつつも統一する学習を展開しなければならず，「共同を紡ぐ過程」が大切であると指摘している（湯浅，2014a：170)。

　そして，湯浅はこうした学習を展開するためには「解釈共同体の問い直し」が必要となるということも指摘している。すなわち，「実践の価値を問うための方法や基準」そのものを問い返すことや，実践コミュニティ自体を対象化し，コミュニティの境界を意識しながら対話と協働による意味生成」のプロセスを探求することが重要であると述べている（湯浅，2014b：19)。

（3）感情や価値が交錯する教育実践の創造

　それでは，インクルーシブ授業の創造に欠かすことのできない，当事者性のある

序章　特別支援教育の「常識」をとらえなおす

共同体（あるいは実践コミュニティ）を創出するにはどのようにしたらよいだろうか。この点について，以下の研究者の指摘が参考になる。

たとえば國分は，人は「『考えよう！』という気持ちが高まってものを考えるのではなく，むしろ何か・シ・ョ・ッ・ク・を・受・け・て・考・え・る」のだと指摘する（國分，2015：339）。つまり，「自分の生を導いてくれていた習慣が多かれ少なかれ破壊される過程」で，人はものごとを考え，新しい世界を創造すると国分は考える（國分，2015：340）。また，高橋は自己変成が生じるのは，「思考の中に他者が侵入し，意のままにならないものによって，喉につかえた小骨のように違和感が生じる」ときであると指摘する。そして，「自己のコードとはまるで異質なコードの存在が自覚され…行為者の当事者性がにじみ出るような対話」のなかで，はじめて新しい自分へと変成すると考えられている（高橋，2014：81）。こうした指摘を参考にすると，学習とは子どもにとって何らかのショックが与えられる出来事と遭遇することであり，その出来事を自分とは異なる他者とともに対話しながら，小骨のように突き刺さっている違和感を受け入れ，それまでの自分を変成させる営みであると考えられる。

さらに，東は，共同や連帯へと発展する「異質な人間集団を結びつける」原理とは，「理性（記号を操る力）」ではなく，「幼児や動物とも共通する中途半端な知的能力」である「想像力」だと指摘する（東，2011：209-210）。そして，大衆一般に共通する「連帯」の方法というものがあるわけではなく，共同や連帯というものは，少数の他者との「具体的で場当たり的」なつながりのなかでしか生み出せないものであると考えられている（東，2011：209-210）[8]。

これは，「従来は私的領域で処理されていた動物的で身体的な問題こそが公共性の基盤」であり，「そこではもはや，理性の力が感情の限界を乗り越えるという前提，それそのものが信じられていない」という考え方と結びつく。言い換えると，「言葉を使用した少数の専門的な人たち」だけが共同や連帯の中心にいられると考えるのではなく，「私的に無責任に，身体的で感情的な反応をもとに呟く」ことでも共同や連帯の形成に貢献できると東は考える（東，2011：210-211）。

ここで取り上げた國分や東の考え方は，ドゥルーズやガダリの哲学を参考にしている。たとえば，ドゥルーズは「思考において始原的であるもの，それは不法侵入であり，暴力であり，それはまた敵であって，何ものも愛知（フィロソフィー：哲学）を仮定せず，一切は嫌知（ミゾゾフィー）から出発するのだ」と述べる。これは，「思考する」ということはそもそも「受苦（パッション：受動）」であるととらえるものであるが，そうした受苦を受け入れなければならない「絶対的な必然性」を引き起こし，「しっかりと立たせる」ことで人は日常と異なること（差異）を受け入

れ，それまでの思考や認識をリニューアルすることができると考えられている（Deleuze, G., 1968＝2007）。

　以上のような考え方をインクルーシブ授業の原理にあてはめると，単に同じクラスに「居る」というだけで，共同や連帯が形成されるわけではないということが確認できる。また，授業の展開や内容が「わからない」から，イラストを並べて理解を促すというような単に概念を並立させるだけの「思考操作」にとどまる授業でも，やはり共同の学びは成立しない。ましてや，「わからない」ところを認知的に補うような「特別な支援」を付加するだけの実践では，学習困難児の思考を深めていくことは難しいだろう。

　そうではなく，インクルーシブ授業の創造には，クラスの子どもたちの認識を揺さぶり，それまでの日常や思考を改編せざるをえないような異質な状況・空間を生み出すことが教師に求められていると考えるべきであろう。すなわち，学習の当事者である子どもたちは，（ドゥルーズのいうような）「不法侵入」してくる異質な他者や教材と主体的に関わるなかで，認識を新しくしていくと考えられる。

　それでは，インクルーシブ授業，すなわち，不法侵入してくる異質な他者や教材を受け入れ，学習困難のある子どもを含めたクラスで共同的な学習を進めるためには，教師はどのような学習集団を形成し，（教材の選定や解釈を含めて）どのような授業を設計・展開することが必要なのであろうか。こうした原理的かつ具体的な実践方法を明らかにするためには，常に変化する「教室空間」において，感情や価値が交錯する「実践（学習活動）」を「解釈」することが求められる。そのため，インクルーシブ授業の分析・検討には質的研究の手法を用いることが必要であると考える。

4．質的研究にもとづく授業分析の方法

（1）質的研究の目的と仮説生成過程

　質的研究とは「客観的な行動に関する記述を越えて，その人の主観にどのような世界が立ち現れているのかを理解する」ために，「客観性から出発するのではなく，個人の語りやふるまいをもとに，その個人の生活世界を記述していこうとする」ものである。そのため，個人のもつ独自の意味の体系を探求するという点で「地図」を描くような研究であると考えられている（能智，2011：24-25）。このとき，「意味の生成に重要な役割を果たしているのが，周りにいる他者の存在」であると考え

序章　特別支援教育の「常識」をとらえなおす

アプローチが社会構成主義（あるいは社会文化的アプローチ）である（能智, 2011：27）。

　社会構成主義にもとづく質的研究は「仮説生成型研究」と呼ばれ，実践研究の一つの型として位置づけられている（下山, 2008：11）。こうした研究ではエピソードなどの質的データを収集し，分析することが求められるが，それは「現象にじっくりと向き合い，具体的には，観察法や面接法などによって現象の"生のありよう"をできるだけ損なわない言語的記述として収集される」ものである（谷口, 2008：56）。谷口は「臨床実践における仮説生成」の過程を以下のように整理している（表序－1）。

表序－1　臨床実践における仮説生成過程

実践仮説 ↓	援助実践の進行に伴い，検証―修正の循環を繰り返し，当該対象に対する援助としての実践的有効性が認められる実践仮説へと精度を高める。
類型仮説 ↓	他の対象への援助を行うなかで，援助対象間の比較検討が繰り返され，範囲の限定はあるものの，固有の事例を超えて，他事例にも共通して適用可能な類型仮説となる。
参照仮説	類型仮説が次の新たな援助実践において実践を組み立てる参照モデルとして機能しうるものとなる。

出典：谷口, 2008, 59-60を筆者がまとめた。

　ただし，臨床実践における援用可能な知識には，「明確に言語化・意識化された理論的知識ばかりではなく，特定の事例と関わった個人的経験の集積から生成された知識もある」。こうした知識は「暗黙知」と呼ばれ，「一個人の中に身体化されて備わっていることも多い」ので，「当の本人にさえ，明確な形をもって意識されていない」こともある。そのため，臨床実践における仮説生成型の研究では，「個人の中に蓄積された見えない知識」（暗黙知あるいは実践知）を「理論的仮説という『形』にして提示すること」が重要な役割の一つであると考えられている（谷口, 2008：60）。

（2）反省的実践として授業を分析する

　以上のような実践家のなかに蓄積されている「暗黙知」を研究の俎上に引き上げたのは，ショーン（Schön, D.）である。ショーンはプロフェッショナルな仕事をしている人は，次のように行為していると指摘する。

　　　有能な実践者は日々の実践の中で，適切な判断基準を言葉で説明できないま

ま，無数もの判断をおこなっており，規則や手続きの説明ができないまま，自分の技能を実演している。研究に裏打ちされた理論と技能を意識的に用いているときでも，有能な実践者は暗黙の認識や判断，また熟練したふるまいに頼っている。
(Schön, D., 1983＝2007：50)

ただし，以上のような「行為の中の省察」は「複雑性，不確実性，不安定性，独自性，価値観の衝突」のなかで生まれるものであり，決して固定的，安定的なものではない。そのため，「実践の中の矛盾し合うパラダイム」を目の前にして，いつでも「解決」できるというわけではなく，そこから常に問題が「設定」されているのが専門家の省察であるとショーンは指摘する (Schön, D., 1983＝2007, 17-18)。

また，教師の熟練技術に関する研究を進めたコルトハーヘンは，「今ここの教室での場面における行動」はしばしば無意識的に導かれているものであり，「個人がもつニーズ，関心，価値観，意味づけ，好み，感情，行動の傾向を集合体的として，ひとつの分離することの出来ない全体に統一する」ものであると指摘している。こうした統一体をコルトハーヘンは「ゲシュタルト」と表現し，「経験による学び」のなかで形成されると考えた (Korthagen, F. et al, 2001＝2010: 51)[9]。このように，不確実で不安定な中で，考えたことを感情や価値を含めて全体的にとらえることができるようになると，専門家の行為や思考は深化・発展していくと考えられている。

これらの指摘を授業づくりの専門家である教師にあてはめて考えると，次のようになる。すなわち，授業者である教師が自己の実践を意識的に展開し，省察し，他者からの批判的検討を受ける絶好の機会として挙げられるのが，研究授業や研究授業後の協議会である。そこで，研究授業において見られた子どもどうしや子どもと教師の関わりを克明に記述した上で，研究授業後の協議会で語られた教師の思いや観察からとらえられた子どもの内面を言語的に記述し，総合的に分析することで，授業に内在している教育原理を描き出すことができると考えた。

これまでの教師教育研究においても，熟練教師へと成長する過程に「仲間と語ることや後輩教師へ助言することを通して自らの実践を省察する新しい視点を見出したり，子どもや学級の様子の異なる側面が見えてきたりする経験」をもっている人が多くいると指摘されてきた（藤江，2006：41)[10]。そのため研究授業という営みは，決して授業者個人の学習過程ではなく，「協働の知識構築過程」であると考えられている（秋田，2009：67)。これは，研究授業に参加し，その協議会において自身の意見を述べたならば，それは教育実践を暗黙のうちに協働することになるという意味である。そして，学校というフィールドで蓄積されてきた授業技法なるものは，

そこに関与した教師などの専門家たちが批判的かつ協働的な営みのなかで生成してきたものであると考えられる。

つまり，授業の生成には子どもが当事者として参加することだけでなく，授業者もまた当事者であり，その授業に関与する参観者（研究者を含む）もまた当事者となるということを意味している。研究授業は，こうした一人ひとり，あるいは関連する事項の一つひとつが織り合わさったものとして解釈されなければならない。そのため，授業を分析する際には，参加している子どもの様子のみをとらえればよいのではなく，授業者の意図やその授業に関与した参観者の価値の総体であると考える必要がある。そして，こうした授業分析を行うということは，授業に関与する人や状況からの影響を常に受け，流動的な「過程」として描き出すことが求められる。

(3) アクション・リサーチによる授業分析の方法

以上のように，授業を「流動的に発展する過程」としてとらえると，一つの学校の研究授業をたった一度だけ参観し，それに解釈を加えるというアプローチでは満足のいく分析はできないだろう。そうではなく，年に何度か同じ学校を訪問し，授業を観察するばかりでなく，学習指導案の検討や研究授業後の協議会にも積極的に参加しながら，授業づくりの方向性をともに探求するという「アクション・リサーチ」を自覚的に進めることが，インクルーシブ授業を分析するために重要であると考える。

藤江はアクション・リサーチについて，「研究者」が「実践」へ働きかける研究であるが，「研究者の営みと実践との間に明確な線を引くこと」が難しく，この研究は，「問題意識―計画―実行―評価」の循環からなるものであると指摘している（藤江，2007：243-244）。ただし，佐藤は，「研究主題や研究対象やリサーチ・クエスチョンとは無関係にフィールドワークやアクション・リサーチの『メソドロジー』が存在する」ことはないと述べ，方法論が先行する質的研究に対して疑問を投げかけている。むしろ，「研究テーマにより研究対象により研究方法は千編自在に変化し，ひとつの研究を行うごとに最も説得力のある方法を研究者自身が自ら創造しなければならない」と指摘している（佐藤，2005：12-13）。

もちろん，研究者が追究したいテーマに沿った授業を恣意的に取り上げ，研究者が明らかにしたい方向で授業を分析し，解釈したのでは科学的妥当性が損なわれる。しかし，アクション・リサーチは，研究者が現場の教師と一体的に取り組むものであり，そこに存在している課題に一緒に向き合うことで，その実相をつかむことができるものである。このように，アクション・リサーチによる授業分析では，研究

者が偶然，遭遇した授業のなかから意味を紡ぎ出していくことが求められている。

すなわち，厳密な手続きをふまえることで生み出される科学的妥当性と，偶然，遭遇した授業のなかから意味を紡ぎ出すといったいわば「矛盾」した状況のなかで進めるのが，アクション・リサーチによる授業分析である。鯨岡はこうした矛盾を解決する質的研究の方法として，エピソード記述を取り上げている。すなわち，エピソード記述とは，「現場において人のさまざまな生の実相に接する中で，強く気持ちが揺さぶられる出来事」に遭遇したとき，「その体験を何とか言語的に表現」して，「その人の生の断面を丁寧に記録し，それを積み重ね，まとめる」ことであると述べている（鯨岡，2005：3）。

こうしたエピソード記述の方法を参考にすると，研究者が追究したいテーマについて取り上げている学校の授業を参観することを前提としながらも，研究者自身が複数回にわたる研究授業の参観を通して「強く気持ちが揺さぶられたエピソード」を質的データとして活用することが妥当性の高い研究知見を導き出すことにつながると考える。

（4）授業エピソードを記述する視点

本書では，以上のような質的研究の方法をふまえて授業を参観し，インクルーシブ授業の原理と方法について検討したい考える。このとき，以下の3点を意識して授業エピソードを記述することとした（表序-2）。

表序-2　授業エピソードの記述方法

特定的記述	インタビューされた人びとからの引用，フィールド・ノートからの引用，または物語的エピソードからなるもので，現場で見たり，体験したことの「原データ」にもとづき記述されたもの。
一般的記述	エピソードや引用がデータ全体において典型的なものであることを表現するもので，「集積したデータ」を一般化した記述。データから発見されたパターンのようなもので，エピソードのまとめになるもの。
解釈的記述	上記の特定的記述を一般的記述として理解する上での枠組みを提供するもので，一般的記述で記す「典型」や「まとめ」を裏付けるような説明。読者が特定的記述と一般的記述の関係をより説得的に示すことができるもの。

出典：Merriam, S.B., 1998＝2004, 343-344を筆者がまとめた。

まず，ある授業に参観し，研究者自身がエピソードとして取り上げるべきと感じた「強く気持ちが揺さぶられた出来事」をできる限り克明に記述する（①特定的記述）。こうした記述は，研究者自身が何らかの一般化が可能であると感じた内容で

あるので，特定的記述のあとには，エピソードの意味を「まとめる」記述を行う（②一般的記述）。このとき，記述したエピソードを一般化するために，特定的記述との間に関連する（あるいは接続可能な）研究知見を挿入し，一般化した内容をより説得的に理解できるようにする（③解釈的記述）。本書では，こうした視点で授業エピソードを論文化し，授業分析のための質的データとした。

　もちろん，「行き当たりばったりの観察」，あるいは「感じたままひたすら記述する」ような「現象的観察」では科学的とは言えない。麻生は「科学的観察」を行う場合には，あくまでも「事象そのものに実体化されている『普遍』」を見出すために，「現象を『観察』し，記述する」ことが重要であると指摘している（麻生，2009：245）。そのため，「観察体験を一連のエピソード記憶として構成し，標本化すること」が必要となるのだが（麻生，2009：252），麻生はこうした科学的観察にもとづくエピソードとは次のような記録を生成することであると述べている[11]。

1）前後の文脈などのディテールを詳しく書き込み，それを目撃したときの主観的な感想や，その目撃したことの意味づけをたっぷり書き込んでおくこと。
2）出来事をニュートラルな冷静な精神で見るのではなく，さまざまな好奇心，感情や思考を全面的に働かせつつ観察すること。　　　　（麻生，2009，254）

　本書では，以上のような観察・記述を行いながら，授業エピソードを収集し，解釈的考察を試みることで，インクルーシブ授業の原理と方法を析出したいと考える。

5．インクルーシブ授業を分析する手続き

（1）アクション・リサーチの手続き

　本書において，分析の対象とした授業は，（学習面・行動面において）特別な配慮が必要な子どもがいる学校で，研究授業等を通して学習困難のある児童生徒への対応を学校全体で検討しようと考えた茨城県内の小学校〈2校〉の授業とした。具体的には，学習困難児が含まれる授業を参観し，その後，授業担当者との話し合いや校内研修会（研究授業後の協議会を含む）で授業や事例児の検討に参加して，授業づくりとその評価の過程をエピソードとして記述した。

　このとき，筆者は学校研究に積極的に関与し，学習指導案の立案時に筆者が同席したり，見解を述べることもあった。また，先方の希望に応じて校内研修日に筆者

が授業づくりに関する講話を行い，学校職員に筆者の見解を伝えることもあった。以上のような「アクション・リサーチ」を進めながら，次に示す手続きで参観した授業をエピソード化し，それをもとにインクルーシブ授業の原理と教師の指導技術を分析した。なお，授業分析の結果をより鮮明にするために，主として分析の対象とする小学校2校とは別に，茨城県内の幼稚園および中学校の実践を紹介した箇所や筆者の経験等をもとに書き下ろした箇所がある。

加えて，事例対象児のプライバシーを保護するために，個人が特定される場面については実相を大きく変形させない範囲でエピソードを加工している個所がある。そのため，実際の授業場面をそのままの形で本書に掲載しているわけではなく，一部，脚色して記述しているエピソードがある。

（2）授業エピソードを記述する手続き

上述した研究方法をふまえて，筆者が参観した授業について，インクルーシブ授業の原理と教師の指導技術を検討する上で必要と感じた教師の働きかけや，子どもどうしの関わり合い，あるいは子どもの発言をできる限り克明に記述した（特定的記述）。その上で，エピソードに関連する文献を引用しながら授業を解釈する記述を加え（解釈的記述），観察した授業を一般化・理論化した（一般的記述）。

解釈的記述を挿入する場合には，研究授業前に校内研修のテーマを学校から聞き取りをして，あらかじめ関連すると想定された理論や研究知見と結びつけて考察した。また，研究授業後に当該学校の教師たちと授業について分析，検討した上で，筆者が強く関係すると考えた理論と結びつけて授業を解釈した。

こうした授業の解釈については，研究授業終了後，筆者が文章化し，一定期間内に参観した学校の授業者等にフィードバックして，内容を確認してもらった。基本的に，筆者の作成した授業分析や解釈の文章（レポート）は当該学校の教員に配布され，読むことができるようになっている。そのため，同じ学校に回数を重ねて訪問するうちに筆者の解釈（インクルーシブ授業づくりの視点）が次回以降の授業づくりに反映された授業も見られた。

ただし，アクション・リサーチを進めるにあたり，研究者の側から「～のような授業を実践してほしい」という依頼は行っていない。これまでにも，アクション・リサーチについては研究者と実践者の間に一種の「権力構造」が生まれることがあると指摘されてきたが（藤江，2007：267など）[12]，研究を進めていく上では，こうした権力関係とならないように，研究者が教育現場に入って授業について意見を述べることがあっても，あくまでも「意見を述べる」にとどめた。

こうした基本スタンスでアクション・リサーチを行ったので，本書の記述においても，研究授業に参与した結果，学校の授業がどのように改善していったのかという点についてはぼんやりとした姿でしか記述できていない。もちろん，本書で示した授業エピソードを時系列に並べて分析すれば，研究対象の学校が自然な形でどのような考え方や指導技術を取り込んでいったのかを述べることはできるかもしれないが，本書ではそうした点を明らかにすることを主眼としていない。

　そうではなく，もとより「ある理想的な授業実践」が存在すると仮定せず，むしろ子どもとの関係性や状況に応じて授業は変化するものであるととらえ，流動的に変化する授業の様相をエピソードとして記述し，そこに内包する教育原理や教師の指導技術を仮説的に理論化することを主眼として研究を進めた。

（3）解釈的記述の方法

　解釈的記述を行う際には，序章「3．インクルーシブ授業を分析する視点」において検討した「つながり」「当事者性」「感情や価値」「差異と共同」などをキーワードとし，関連する研究知見と接続させながら観察した授業を分析した。具体的には，1990年代以降の学習科学や差異と共同をテーマにした哲学または教育方法学の文献を用いて，インクルーシブ授業が成立・発展する原理と教師の指導技術を検討した。そして，分析した授業エピソードを「学習観（第Ⅰ部）」「教師の指導性（第Ⅱ部）」「共同的な学びの創出（第Ⅲ部）」という大きな括りのなかに位置づけ，論述した。

　なお，取り上げた授業を解釈する際に用いる文献については，厳密な手続きに従って選定されたものではなく，上記のキーワードに関連すると筆者が感じた授業について，恣意的に文献を選択し，「結合」させ解釈を加えた。そのため，類似する研究知見がいくつかの章にまたがって引用されていたり，刊行年が古い文献から比較的新しい文献まで，幅広く引用されている。また，同様の指摘を行っている内容であれば，取り上げた文献を相互に入れ替えても同様の帰結となる箇所もある。

　本書は，ユニバーサルデザインの授業づくりを超える教育方法を探求するという大きなテーマのもと，協同的な学習など社会構成主義的な学習理論に関する研究知見とインクルーシブ授業がどのように接続できるのかを検討するものである。そのため，最新の研究知見と結びつけてインクルーシブ授業の実践構造を新たに明らかにしようとするものではない。むしろ，これまで哲学・教育心理学・教育方法学といった学問分野が蓄積してきた知見のなかに，インクルーシブ授業がどのように位置づくのかという点を主たる検討課題とし，論述するものである。

注

1)「合理的配慮」の定義および具体例については，2010（平成22）年9月6日に開催された特別支援教育の在り方に関する特別委員会（第3回）配付資料に掲載されている（以下を参照した：アクセス日2015年10月23日）。
（http://www.mext.go.jp/b_menu/shingi/chukyo/chukyo3/044/attach/1297380.htm）
　この資料では，LD，ADHD，自閉症等の発達障害児に対しては，「個別指導のためのコンピュータ，デジタル教材，小部屋等の確保」「クールダウンするための小部屋等の確保」「口頭による指導だけでなく，板書，メモ等による情報掲示」などが合理的配慮の例として挙げられている。

2) 松下は習熟度別指導に関して，学力の二極化を拡大させ，「格差の再生産」が生じると指摘している（松下，2005：167）。また，佐藤は，「『学力問題』が浮上して以降，現場に急速に拡大したドリル中心の教育と習熟度別指導（トラッキング）が，学力の『教育格差』と『社会格差』を拡大する機能を果たした」と述べ，トラッキングに依らない教育実践の開発が求められると指摘している（佐藤，2009：9）。

3) Murawski, W. らはこうした学習にはEQ（感情指数）が関係していると指摘している。EQについてはGolman, D., 1995=1998の文献が基本となっている。

4) 多様な文脈の中で相互作用的あるいは能動的に学習することで認知発達が促進されるという知見は，1990年代以降，学習科学の分野で紹介されてきた（Brasford, J.D. et al., 2000＝2002, 245-249など）。日本においても佐伯が1990年代に関係性を重視した「協同的学習」の必要性を提起している（佐伯，1995：146-147）。

5) 英国における学習困難児と社会・情緒的発達，および社会・情緒的発達を促進する教育方法とインクルーシブ教育実践との関連性については，新井（2015）を参照。

6) エンゲストロームは現代の協働には次の点が必要であると述べる（日本版へのまえがきⅱ頁）。
① 組織や専門性の境界を横断するものであること。
② すばやく変化していくニーズに応えるために，「機動性」と「柔軟性」をもつこと。
③ 権限が一つの中心に固定されていないのに，共有された対象の鼓動に焦点を合わせられること。
こうしたエンゲストロームの活動理論は伝統的なチームから抜け出すことをねらっており，「菌根（mycrrhizae）」のように結び目を形成するイメージで考えられている。以上の考え方は，ドゥルーズとガダリが提起した「根茎（rhizome）と同じ一般的意味」であると，エンゲストロームは述べている（Engestom, Y., 2008=2013：364）。

7) 小玉はこれを「与える過程にとどまるペダゴジー（の担い手としての教師）から，与える過程を問う過程へと転化するペダゴジー（の担い手としての教師）への転換」と表現している（小玉，2009：247）。

8) こうした考え方は近年，教育方法のなかにも取り入れられている。たとえば，大庭はキャリア形成を研究するなかで，クロンボルツ（Krumboltz, J.D.）などの社会的学習理論をふまえ，「予期せぬ出来事がキャリアの機会と結びつく」と述べている。そのため，教育においては「計画された偶発性」が重要であると考えられている（大庭，2007：88）。

9)「経験による学び」とは「自分自身の観察と，状況への参加の方法，および指導の下でこれらについて体系的に思考する」ことだとコルトハーヘンは考えている。

10) 2000年以降の教師教育研究では，省察の重要性を指摘する論文が多く発表されており，教師の「省察」や「反省的実践」は授業分析の一つの鍵概念となっている（金崎，2004；高橋：2010など）。

こうした動向は日本だけのものではなく，英国においても共通しており，2000年以降，省察（リフレクション）とアクション・リサーチが教師の専門性向上に貢献すると考えられ，さまざまな書籍が刊行されている（Bolton, G., 2001；Mayers, P.Z., 2012など）。

11) 麻生は鯨岡のエピソード記述について，「『現象学的な（phenomenological）観察』の在り方を強調しているように見える」と指摘している（麻生，2009，257）。しかし，麻生はこうした現象的観察の向こうにある「ロゴス的な枠組みで『普遍』を捉えようとする」西欧的な科学的視点を放棄してはならないと強調し，こうした視点をもつことで「人間の『学』への道」が拓けると考えている（麻生，2009：272）。

12) 藤江はアクション・リサーチに内包する権力関係について次のように指摘している。すなわち，アクション・リサーチは，「ほとんどの場合，実践現場からの依頼を前提」としているので，「実践者側が研究者に理論的支援や評価の面での専門性を期待する」。そのため，「ともすると研究者からの情報提供や指導助言が主となり，『教える─教わる』という関係性に陥りやすい」ものである。そうしたなかで，「実践者の専門性や主体性が発揮されるのを妨げてしまう」ことのないように，アクション・リサーチは実践者側が研究者からのアクションに対して有効性や実用性を感じ，どれだけ受け入れられたかという受容性に着目する必要があると指摘している（藤江，2007：266-268）。

参考文献

秋田喜代美（2009）「教師教育から教師の学習過程への転回」．矢野智司・今井康雄・秋田喜代美・佐藤学・広田照幸編著『変貌する教育学』．世織書房，45-75.

秋田喜代美（2010）「学習の理論と知識社会の学校教育」．秋田喜代美・藤江康彦編著『授業研究と学習過程』．放送大学教育振興会，10-28.

東浩紀（2011）『一般意志2.0―ルソー，フロイト，グーグル』．講談社．

麻生武（2009）『「見る」と「書く」との出会い―フィールド観察学入門―』．新曜社．

新井英靖（2015）「2000年代の英国インクルーシブ教育に関する実践原理と教育方法」．『茨城大学教育学部紀要』第64号，185-193.

大庭さよ（2007）「ジョン・クロンボルツ―学習理論からのアプローチ―」．渡辺三枝子編著『新版キャリアの心理学―キャリア支援への発達的アプローチ―』．ナカニシヤ出版，71-89.

小倉正義（2009）「アメリカにおけるギフテッドへの教育」．杉山登志郎編著『ギフテッド―天才の育て方―』．101-129.

海津亜紀子（2012）「すべての子どもの学びを保障するために」．『LD研究』第21巻第1号，52-55.

鹿毛雅治（2013）『学習意欲の理論―動機づけの教育心理学―』．金子書房．

桂聖（2012）「教科教育と特別支援教育の融合が目指すもの―授業ユニバーサルデザイン研究の視点から考える―」．『LD研究』第21巻第4号，445-447.

金崎鉄也（2004）「学校臨床的アプローチによる教師の実践力に関する研究」．『日本教師教育学会年報』第13号，105-119.

鯨岡峻（2005）『エピソード記述入門―実践と質的研究のために―』．東京大学出版会．

窪島務（2014）「特別ニーズ教育の今日的課題と『インクルーシブ』教育論の方法論的検討」．日本特別ニーズ教育学会編『SNEジャーナル』第20巻，75-88.

久保正明（2011）「学び方の多様性に応じた通常の学級の集団・授業づくり―学校全体で取り組むユニバーサルデザイン」．全日本特別支援教育研究連盟編『特別支援教育研究』No. 652, 11-13.

黒谷和志（2012）「これからの学力・リテラシー形成と教育方法」．山下政俊・湯浅恭正編著『新しい時代の教育の方法』．ミネルヴァ書房，20-34．

國分功一郎（2015）『暇と退屈の倫理学』（増補新版）．太田出版．

小玉重夫（2009）「学力―有能であることと無能であること」．田中智志・今井康雄編『キーワード　現代の教育学』．東京大学出版会，240-250．

小玉重夫（2013）『学力幻想』．ちくま新書．

佐伯胖（1995）『「学ぶ」ということの意味』．岩波書店．

佐藤学（1999）『学びの快楽―ダイアローグへ―』．世織書房．

佐藤学（2005）「教室のフィールドワークと学校のアクション・リサーチのすすめ」．秋田喜代美・恒吉僚子・佐藤学編『教育研究のメソドロジー』．東京大学出版会，3-13．

佐藤学（2009）「学力問題の構図と基礎学力の概念」．東京大学学校教育高度化センター編『基礎学力を問う―21世紀日本の教育への展望―』．東京大学出版会，1-32．

下山晴彦（2008）「何のために研究をするのか―研究の目的と方法―」．下山晴彦・能智正博編著『心理学の実践的研究法を学ぶ』．新曜社，5-16．

授業のユニバーサルデザイン研究会（2012）『授業のユニバーサルデザイン　Vol. 4』．東洋館出版．

庄井良信（2013）『ヴィゴツキーの情動理論の教育学的展開に関する研究』．風間書房．

高橋英児（2010）「養成段階における実践的指導力の育成についての一考察」．『日本教師教育学会年報』第19号，57-66．

高橋勝（2014）『流動する生の自己生成　教育人間学の視界』．東信堂．

竹田契一監修（2000）『LD児サポートプログラム―LD児はどこでつまずくのか，どう教えるのか―』．日本文化科学社．

谷口明子（2008）「仮説生成型研究」．下山晴彦・能智正博編著『心理学の実践的研究法を学ぶ』．新曜社，49-62．

柘植雅義（2011）「通常の学級におけるユニバーサルデザイン―その有効性と限界を巡って―」．全日本特別支援教育研究連盟編『特別支援教育研究』No. 652, 4-6．

能智正博（2011）『質的研究法』．東京大学出版会．

花熊暁（2011）『ユニバーサルデザインの授業づくり・学級づくり』．明治図書．

藤江康彦（2006）「授業をつくる」．秋田喜代美・佐藤学編著『新しい時代の教職入門』．有斐閣アルマ，19-44．

藤江康彦（2007）「幼少連携カリキュラム開発へのアクション・リサーチ」．秋田喜代美・藤江康彦編『事例から学ぶ　はじめての質的研究法　教育・学習編』．東京図書，243-274．

本田由紀（2005）『多元化する「能力」と日本社会―ハイパー・メリトクラシー化のなかで―』．NTT出版．

松下佳代（2005）「習熟とは何か―熟達化研究の視点から―」．梅原利夫・小寺隆幸編著『習熟度別授業で学力は育つか』．明石書店，140-182．

松下佳代（2010）「〈新しい能力〉概念と教育」．松下佳代編著『〈新しい能力〉は教育を変えるか―学力・リテラシー・コンピテンシー―』．ミネルヴァ書房，1-41．

文部科学省（2004）「小・中学校におけるLD（学習障害），ADHD（注意欠陥／多動性障害），高機能自閉症の児童生徒への教育支援体制の整備のためのガイドライン（試案）」．

湯浅恭正（2014a）「特別支援教育における教師の専門性」．小柳和喜雄・久田敏彦・湯浅恭正編著

『新教師論 学校の現代的課題に挑む教師力とは何か』. ミネルヴァ書房, 153-173.
湯浅恭正（2014b）「教育実践の研究方法をめぐる論点」. 日本特別ニーズ教育学会編, 『SNEジャーナル』第20巻, 7-22.
湯浅恭正（2015）「インクルーシブ授業の理論で問われるもの」. インクルーシブ授業研究会編『インクルーシブ授業をつくる―すべての子どもが豊かに学ぶ授業の方法―』. ミネルヴァ書房, 3-14.
涌井恵（2014）『学び方を学ぶ―協同学習と「学び方を学ぶ」授業における新しい実践の提案―』. ジアース教育新社.
Bolton, G. (2001) *Reflective Practice: Writing and Professional Development*. SAGE.
Brasford, J.D., Brown, A.L. and Cooking, R.R. (2000) *How People Learn ; Brain, Mind, Experience and School*. National Academy Press.（森敏昭・秋田喜代美監訳（2002）『授業を変える―認知心理学のさらなる挑戦―』. 北大路書房.）
Deleuze, G. (1968) *Difference et Repetition*. Presses Universitaires de France.（財津理訳（2007）『差異と反復 上』. 河出書房新社.）
Engestom, Y. (2008) *From Teams to Knots. Activity-theoretical studies of collaboration and learning at work*. Cambridge University Press.（山住勝広・山住勝利・蓮見二郎訳（2013）『ノットワークする活動理論―チームから結び目へ―』. 新曜社.）
Golman, D. (1995) *Emotional Intelligence*.（土屋京子訳（1998）『EQ―こころの知能指数―』. 講談社+α文庫.）
Korthagen, F., Kessels, J., Koster, B., Lagerwerf, B. and Wubbeles, T. (2001) *Linking Practice and Theory*. Lawrence Erlbaum Associates.（武田信子監訳（2010）『教師教育学―理論と実践をつなぐリアリスティック・アプローチ―』. 学文社.）
Mayers, P. Z. (2012) *The Teachers's Reflective Practice Handbook: Becoming an extended professional through capturing evidence-informed practice*. Routledge.
Merriam, S. B. (1998) *Qualitative Research and Case Study Applications in Education: Revised and Expanded*. John Wiley and Sons.（堀薫夫・久保真人・成島美弥訳（2004）『質的調査研究法入門―教育における調査法とケース・スタディ―』. ミネルヴァ書房.）
Murawski, W. and Spencer, S. (2011) *Collaborative, Communicate and Differentiate ! How to Increase Student Learning in Today's Diverse Schools*. Corwin.
Schön, D. (1983) *The Reflective Practitioner: How Professionals Think in Action*. Basic Books.（柳沢昌一・三輪健二訳（2007）『省察的実践とは何か―プロフェッショナルの行為と思考―』. 鳳書房.）

第Ⅰ部
「学ぶ」とはどういうことか？
―― インクルーシブ授業の学習観 ――

　特別支援教育の分野で「学習」というと，「わかること」（認知）や「できること」（行動）を中心に考えがちであるが，通常の学級で学ぶ学習困難児は，そうした視点だけでは学習に参加できないことが多くなる。こうした実践課題を解決するために，社会構成主義的アプローチや文化的発達の考え方を授業づくりに取り入れたら，学習困難児の学習はどのように変化するだろうか。

　第Ⅰ部では，以上の点に注目して，インクルーシブ授業を創造するための「学習観」について検討したい。

第1章 「参加」という視点から授業づくりをとらえなおす

1．特別支援教育＝補償的アプローチの限界

　2000年以降，特別支援教育の改革が進められるなかで，柘植は「LD・ADHD・高機能自閉症の児童生徒に関する支援体制の構築をすべての小・中学校で目指すということは，単にLD・ADHD・高機能自閉症の児童生徒だけに有効であるのではなく，すべての学習者の多様なニーズにこたえる普遍的なものであるという認識に立つことが大切である」と指摘している（柘植，2004：140）。このような視点から通常学校の教科指導が見つめなおされる契機となり，多くの子どもが「わかる」授業を展開することができるようになるのであれば，特別支援教育の改革はインクルーシブ教育実践の重要な基礎となるだろう。

　しかし，序章において指摘したように，特別支援教育の実践的特徴を端的にまとめると，発達障害等の子どもの障害特性をふまえた「特別な支援」の提供であるといえる。こうした点が影響してか，特別支援教育の改革を進めても，特別支援学級の在籍者数が増加するばかりで，従来の通常の学級における教科指導の方法を大きく改善しなければならないという機運が高まってきたとは言い難い状況である。近年では，ユニバーサルデザインの授業づくりと称して通常の学級のさまざまな教科等の授業改善が検討されているが，この実践について筆者は，はたして授業というものは「ユニバーサル化」できるのかといった点に疑念をもっている。

　こうした現状や疑念は，特別支援教育が補償的アプローチを基本としていることに由来すると考える。たとえば，あるクラスに他者の意図を理解することが苦手なADHDの子どもがいたとする。この子どもは障害ゆえに「順番を待つ」ことが難しく，給食や休み時間のときに，自分の番が来る前に周りの友達を押しのけて，割り込んでしまうことが多かった。もちろん，教師はこの子に対して「順番を守りな

さい」と指導するのだが，これもまた障害ゆえにその指導の意味を理解できず，結局のところパニックやかんしゃくを起こすだけで「順番を守る」ということがなかなかできない状態であった。

　特別支援教育の分野でこうしたケースについて相談を受けると，子どもの障害特性を説明した上で，次のようなアドバイスをすることが多いのではないだろうか（吉田ほか，2003：14；全国情緒障害教育研究会，2003：71-74；小島ほか，2008：103；伊藤ほか，2011：16-17などを参考にした）。

> 1) 理解面の特性から考えると，目に見えないルールがわかりにくいので，順番を守れないのではないか（特性の理解）。そのため，「何番目にできるからね」と伝えたり，床にテープを貼るなどして「順番に並ぶ」ということをわかりやすくする（特別な支援）。
> 2) ADHDの特性から考えると，自分の順番が来るまでに時間がかかると衝動的に列から離れてしまうことがある（特性の理解）。そのため，待っているときに友達と手をつなぐなど，注意が持続できるようにする（特別な支援）。

　通常の学級において，以上のような特別な支援を提供することで，障害から生じる生活上・学習上の困難（苦手なこと）をある程度，改善・克服することができるのであれば意義のある対応であるといえるだろう。そして，こうしたアプローチで問題が解決するのだとしたら，インクルーシブ授業とは，「補償的アプローチの提供」ということになり，特別な支援を付加すれば発達障害児を含めた「すべての子ども」が通常の学級で豊かに学ぶことができるということになる。

　かつて欧米では「補償教育（compensatory education）」を提供して，学習困難児を通常の学校に統合しようという試みが行われた。これは，移民の子どもなどに補習クラスを設けて教室で使用されている言語を習得させ，学習困難を軽減しようというものであった。たとえば英国では，1960年代にこうした補償教育（英国では「リメディアル教育」と称する）を提供したが，その結果，通常の学級から排除されずにすんだ子どもたちもいたが，障害のある子どもなど，学習困難が比較的大きい子どもに対しては限界があり，統合できない子どもも多くいたことが明らかにされている（新井，2011など）。

　英国での取り組みがこのような結果となった理由の一つに，「同化」の問題が指摘されている。すなわち，学習困難児が通常の学級で学ぶために特別な支援を受けるという発想は，学校に通う「すべての子ども」には到達すべき一つの目標があり，そこに到達していない学習困難児は，まわりと同化できるように「特別な支援」を

第Ⅰ部 「学ぶ」とはどういうことか？

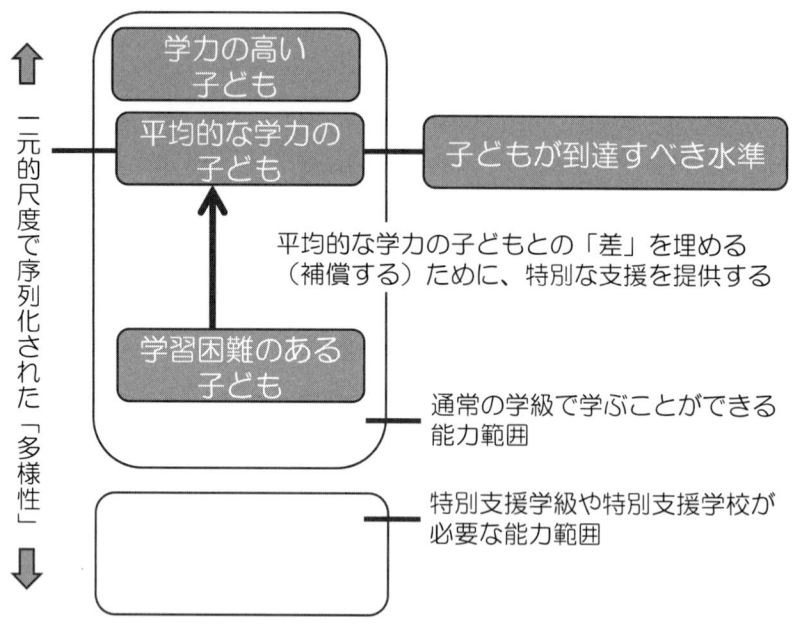

図1-1　特別支援教育に内在する原理

提供するという考え方となる（図1-1）[1]。

　こうした実践の特徴は，「学習ができる子ども」から「学習困難児」までが序列化され，結局のところ一緒に学べるレベルはどこまでかという点が議論されるようになる。つまり，能力や学力といった一元的な尺度で子どもをとらえることを前提とした対応では，差異が際立つばかりで，最終的には「分離」も多様な対応の一つとして位置づけられ，インクルーシブな実践とはなりにくいだろう。

2．インクルーシブ教育は実践を多面的にとらえること

　それでは，補償的アプローチを超えるインクルーシブ教育実践とはどのようなものであろうか。ここでは，自分の思い通りにいかないときに周りの友達をたたいたり，蹴ったりしてしまう自閉症幼児（T児）のケースについて考えてみたい。この子どもは他の子どものことが気になりだすと学習活動を継続させることが難しい幼児であった。そのため，幼稚園では，机の周りに低い衝立（ついたて）をして，T児の衝動性を刺激することを極力控えるような対応を行っていた（図1-2）[2]。

　その一方で，この幼稚園ではT児の調子が良い時や，得意な課題の場面では衝立を外して，周りの子どもたちと関わりあいながら指導していた。具体的にはT

図1-2　自閉症幼児に対する構造化

児が比較的好きな学習活動である制作の時間などは，周りの子どもたちの作っているものに興味をもって，形を考えたりすることがあったので，子ども同士で交流できるようにしていた。このとき，衝立が外れた状態でT児が制作の時間に参加していると，T児の独創的な作品に興味をもって見にくる子どももいた。また，T児が困った様子でいるとやり方を教えてあげようとする子どももいた。このように，衝立をして注意力や集中力を高めるという「特別な支援」を外すことでクラスの子どもたちが関わり合う姿が見られた。

こうした様子が制作の時間に見られたのは，制作という活動の特性も関係しているだろう。すなわち，この時間は具体的な操作を多く取り入れた活動であり，かつ，「制作する物」は子どもたちのアイデアにゆだねられているといった自由度の高い学習内容であった。こうした活動であれば，自閉症のT児も参加しやすくなり，また周りの子どもたちにとっても，T児と関わるチャンスを多く見つけることができることだろう[3]。

もちろん，発達障害児が周囲の友達と自然な場面で関わっていれば，インクルーシブ教育であると述べているわけではない。たとえば，T児の担任教師は絵を描く時間に，いつも，絵の具をチューブからたくさん出してしまうT児に対して，「最初に全部出してしまったら，もう一つはないからね」と忠告をしていた。にもかかわらず，T児は，色をぬりはじめたときから同じ色の絵の具をチューブから大量に出して楽しんでいた。

T児は，楽しそうに絵の具を使って絵を描いていたが，絵を描き終えたとき，自

分の好きな色の絵の具がなくなっていることに気がつき，怒り出した。このとき，「もう絵の具はない」ということを伝え，二人で決めた約束を守らせようとしつつも，「その色がほしいんだよね。だって本当に好きな色なんだもんね」と気持ちを代弁していた。結果的には，T児に新しい絵の具が与えられることはなく，T児は大粒の涙を流して泣いて「絵の具がほしい」と訴えていたが，教師はその気持ちを十分に受け止めつつも，やはり「新しい絵の具はない」と伝えていた。

　このように「絵の具はない」という現実と，「絵の具がほしい」という気持ちの間を教師が自在に往復しながら，子どもの気持ちを収めていくといった対応は，特別な支援を提供する補償的アプローチとは異なるものであると考える。なぜなら，特別な支援の提供という視点で考えると，そもそも「もう一つはない」ということをT児がちゃんとわかるように伝えたのかというところが議論の焦点となるからである。

　もちろん，「もう一つはない」ということがわからないままに絵の具をたくさん使っていたのだとしたら，T児にも同情の余地はある。しかし，生活していれば，誤解や理解できずに物事が進行し，自分で予測しえない事態に遭遇することは誰にでもある。今回のT児の一件をこのような事態に遭遇したととらえれば，教師の対応は基本的信頼関係をベースにして，自己の気持ち（欲求）と他者（社会）からの要請を受け入れていくという「感情調整」のプロセスをていねいに指導していたと解釈できるのではないだろうか（須田，1999：22）。

　そして，こうした対応を見た周りの子どもたちは，T児は何か特別な対応をされる人であると見るのではなく，先生は自分たちと同じようにT児に対応しているととらえるはずである。加えて，こうしたT児の「感情」の揺れ動きや，感情が徐々に落ち着いていく過程を目の当たりにした周囲の子どもたちは，T児の気持ちを理解するようになり，日常生活のなかでT児とどのように関わっていけば良いかも何となくわかってくることだろう。

　以上のような保育実践をみていると，子どもはクラスのなかで他の子どもたちの影響を受けながら，それぞれ成長していくものであるという点にあらためて気づかされる。理論的に解釈すれば，こうした対応は他者の視点を取り入れる過程を生み出し，自己形成へと結びつけていくものであるといえるのではないだろうか（溝上，2008：73）。すなわち，人は他者と関係をもちながら自己が明確になり，そして，集団のなかに自己をどのように位置づけるかといった態度を明確にする。こうした自己形成に寄与する教育実践を展開することによって，自分と少し違う他者とともに学ぶインクルーシブ教育の基盤が形成されるのであれば，認知的にわかりやすく

する特別な支援を提供するというだけではなく，感情や他者との関係性のなかで，どのように学びが共同化されるのかという点をていねいに分析することが必要であると考える。

3．感情の揺れ動きをとらえて授業参加を促す指導

観察日：2013年9月
場　所：茨城県内B小学校3年生
授　業：算数「魔方陣を作ろう」

　同じような視点から，小学校の授業づくりについて考えてみたい。ここで例示するのは小学校3年生の「魔方陣を作ろう」という算数の授業である。この授業のクラスには新しい単元や難しい課題になるとまったく参加しないY児がいた。教師は，Y児の気持ちが授業に向かないときは無理に参加させようとしても情緒を大きく混乱させるだけだということがわかっていたので，そうしたときにはそっとしておき，チャンスをみて声かけをするようにしていた。

　筆者が参観した授業でも，そっぽを向いて座っているY児に対して，教師は授業が始まった当初は「課題をしなさい」という声かけはしなかった。それは，「この子がそっぽを向いて座っているのは，前の授業でやりたい活動があったのに，途中で中止させられたから気持ちの切り替えができないでいる」と，教師はとらえていたからであった。そのため，教師は，最初のうちはそっとしておいて，算数の授業（課題）の中で本人が「やってもいいかな」と思うタイミングで声をかけようと考えていた。

　この授業の課題である魔方陣とは，たとえば3×3マスのマトリクスを用意し，そこに1～9までの数字を入れて，縦・横・ななめの数字を足した合計がすべて同じ数字になるように数字を配列するものである（図1-3）。小学校3年生に課された問題であったが，繰り上がりの足し算ができれば考えることができるものであり，Y児にとってもそれほど難しい課題ではなかった。また，この学習課題はパズルのような面白さが含まれていて，数字がうまくマスにはまったときに「ぴったり！」とか「できた！」という気持ちが生じやすく，子どもたちが「解いてみたい」と思う要素が多く存在する内容であった[4]。

第Ⅰ部 「学ぶ」とはどういうことか？

6	1	8	→15
7	5	3	15
2	9	4	15
↓15	15	15	15

図1-3　魔方陣の解答例

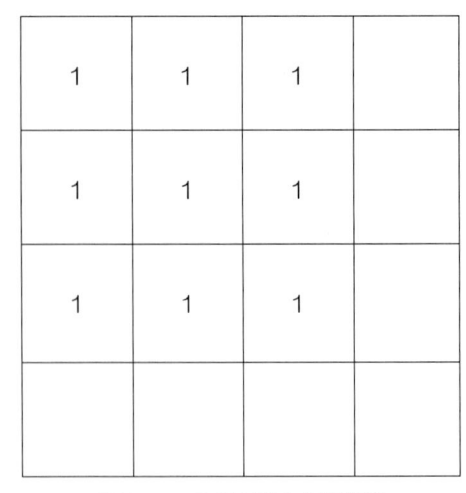

1	1	1	
1	1	1	
1	1	1	

図1-4　Y児が考えた解答例

　この授業では，クラス全体に対して魔方陣の作り方を一通り説明したあと，「それでは，自分で考えて，例とは違う魔方陣が作れないかどうか考えてみてください」と課題を提示し，各自で魔方陣を考えさせた。この後，個人ワークの時間に教師は何人かのやり方がわからないでいる子どもに対して机間指導を行っていた。そっぽを向いて「僕はやらない」と口にしていたY児は，目でチラチラと周りの子どもがやっている様子をうかがっていたが，そうした様子を見ていた教師は，机間指導の最後にY児のもとに行って学習参加を促した。このとき教師は，Y児の耳もとで「この問題のやり方わかる？」「クラスの多くの子が苦労しているみたいだけど，Yさんは何かいい考えはある？」「考えたことがあったら，記入してみよう」というように，Y児が学習に前向きに取り組めるように声かけをした。

　Y児は，パズルやクイズのように見える魔方陣の問題に多少興味があったことに加え，教師が個別に働きかけてくれたこともあり，身体はそっぽを向いたままであったが，目は魔方陣の解答例が掲示してある黒板のほうを見ていた。こうした姿をとらえた教師は，「思いついたことがあったら，プリントに答えてごらん」というように促した。このときY児は，『嫌だな～』という気持ちと，『やってみようかな～』という気持ちが交錯するなかで，答えを発見したらしく，すべての枠に「1」を記入した（図1-4）。

　この答えは教師がクラスの子どもたちに期待したものとは異なり，多少，『ずるい』と思われるようなものであった。しかし，教師はY児なりに考え，答えを書いたことを高く評価し，「このような答えもあっていいね」と言った。そして，Y児が考えた答えをみんなの前で発表させた。Y児は照れくさそうにしながらも，黒

板に自分なりの解答を書いたが，そうした姿を見た他の子どもたちは，普段なかなか授業に参加しないY児の解答だったので，興味をもって解答を見つめていた。

　Y児はこうした発表の後，やはり身体は黒板とは違う方向を向いていたが，クラスの他の子どもが解答しているときに，どんな答えなのかを見るために顔は黒板のほうを向いていることが多かった。この授業の担任教師がY児に積極的に関わったのは，この場面の1回きりであったが，「ワンチャンスの指導」の効果があって，Y児は最後までクラスを抜け出すことなく，（周辺ではあるが）授業に「参加」することができた。

　以上のように，学習困難のある子どもが授業に参加するプロセスというのは，「活動に参加し，理解し，習得して，活用できるようになる」といった一方向的かつ段階的なものではない。そうではなく，「態度」ではやらないという姿を見せながらも，「気持ち」のなかではどこかで「やりたい」と思う，相反するものが一体的に存在していると解釈するべきだろう。

　たしかに，ユニバーサルデザインの授業づくりの方法を用いれば，Y児の特性を活かした「特別な支援」を考えることができるのかもしれない。そして，Y児にわかりやすく解く方法を提示することで，他の子どもも答えられるようになることがあるかもしれない。しかし，Y児の授業エピソードをふまえると，答えを導く特別な支援があれば授業に参加できるということではないだろう。むしろ，「ともに学ぶ」授業を創造するためには，ワクワクする興味のある課題を目の前にして，気持ちが揺れ動きながら，教材やクラスの他の子どもたちの活動とつながる過程が重要であり，そうした「つながり」を生む教師の働きかけが重要であると考える。

4．インクルーシブ授業を創造するための学習観

　以上のような実践事例をふまえると，インクルーシブ授業には以下のような学習観が基盤としてあるのではないかと考える。

（1）子どもの「学び」は個々に異なり，多元的なものである
　インクルーシブ教育実践の特徴を端的に述べるとしたら，能力やニーズの異なる他者と一緒に学習できるように授業を設計することであるといえるだろう。特に，発達障害児などの学習困難が比較的大きい子どもに対しては，他の子どもたちとまったく同じ活動で教育を受けることが難しい場合も想定される。そのため，時に

第Ⅰ部　「学ぶ」とはどういうことか？

は通常の学級においてそうした子どもたちに対する個別ルールが許容されなければ，「すべての子ども」の学習ニーズを充足する教育実践を展開することは難しくなる。

　しかし，これは「その子どもだけを特別扱いする」ということではではなく，子どもが学ぶ状況や雰囲気のなかに個別的な対応を埋め込んでいくというようなものである。たとえば，作り方や出来上がった制作物は個々に異なるものであったとしても，その過程で友だちと関係をもち，双方が影響し合って制作に「参加」しているのであれば，それは一つの共同的な学びであるととらえることができるだろう。インクルーシブ授業とは，こうした個々に異なる学び方を受け止めつつ，大きな括りのなかではみんなが「参加」している状況を生み出すことが必要であると考える。

（2）子どものストーリーと教師の意図を重ね合わせる

　もちろん，「クラスにいる」ことが参加の第一歩であったとしても，クラスから抜け出さないように，授業中にマンガを読んでも良いといった教材や集団からまったく離れてしまっている「参加」であってはならない。「個々に異なる子どもの学び」とは，平たくいえば，子どもはそれぞれのストーリーのなかで学習しているということである。

　すなわち，自分で決めた予定を守りたい子どもや，集中が途切れて離席してしまう子どもについても，それを自閉症やADHDの障害特性だからと一括してとらえるのではなく，「この子にとってはとても大好きなものだから…」とか，「前の授業のときの気持ちを引きずっているから…」というように，個々のケースや授業を個別的かつ流動的にとらえることが必要である。

　たとえば，本章で例示した魔方陣の授業でいえば，事例として取り上げたY児の場合は，「本当は授業には参加したくないのだけど，ゲームのように楽しい算数ならクラスにいてもいいかな」という思いが子どものなかにあり，教師がタイミングを見計らって関わったら子どもの気持ちとたまたま合致してみんなの前で発表することができた。これは，子どもの内面（揺れる気持ち）をエピソードにして記述するからこそ，子どもの学習参加が少しずつ変化していった様相をとらえることができたのだと考える。

　以上のように，インクルーシブ授業は，子どもが気持ちを変化させながらどのように学習しているのかをとらえるものである。そして，学習困難児の学びの姿を「参加」の在り様が変化するものとしてとらえれば[5]，インクルーシブ授業は集団論や状況論からの分析・考察が不可欠となるだろう。高橋（2004）は，レイブ（Lave., J.）やウェンガー（Wenger, E.）らの「参加論」をもとにして，「子どもの学

習においてまず手がかりになるのは，子どもの自己活動や教師の指導といった状況離脱的な概念ではなく，むしろ日常生活における身近な他者たちによって，すでに構成された社会的世界や状況である」と述べている（高橋，2004：11）。

こうした指摘をふまえると，インクルーシブ授業の創造過程を分析するためには，どのような特別な支援を提供すれば課題を解決できるのかという点に焦点を当てるのではなく，子どもと教師，あるいは子どもたちの集団がどのように変化し，学習困難児の参加の様相がどのように変化していったのかということを明らかにしていくことが重要である。特に，インクルーシブ授業の創造という点から考えると，クラスのすべての子どもが学習に参加しようと思える教材や授業展開の方法を検討することが必要であると考える[6]。

注

1) この点については教育実践場面でも認められる。たとえば，窪田は「教師には，"あの子"に対する"正しい子ども像"，そして，授業とはこうあるべきという"理想的な授業像"があり，それゆえに矛盾する現実に苦悩している」と指摘しているが（窪田，2015：26），インクルーシブ授業はこうした「理想像」を前提としないということから出発することが必要であると考える。

2) このような自閉症の認知特性に応じた対応は，これまで多くの実践が紹介されてきた（国立特殊教育総合研究所，2005：45；国立特殊教育総合研究所，2008：4-5；佐々木，2009：14-15など）。本章で取り上げた自閉症幼児の対応方法はこれまでの自閉症研究等の知見にもとづき，地域の特別支援学校の特別支援教育コーディネーターが巡回訪問をしたときに幼稚園の教諭にアドバイスした内容をまとめたものである。なお，このケースについては事例対象児のプライバシー保護のため，数名の幼児の特徴を合わせて架空のケースとして示している。

3) 自由な制作活動のなかで他者と関わらせ，表現を広げることで，子どもの人格形成の基盤を築くことができるという保育の実践報告もある（鈴木，2011：57-58）。

4) 魔法陣という教材は「クイズ形式で楽しみながらも，いつの間にか子どもたちがきまりに着目して，一生懸命考えるようになる」ものであると大野は考えている。そして，こうしたやってみようと思う「必然性」のある教材を取り上げ，すべての子どもが算数を面白いと感じることが重要であると述べている（大野，2015：101）。

5) ユニバーサルデザインの授業づくりのなかでも「参加」について議論されている。たとえば，小貫は授業において「参加」の階層を一番下に位置づけ，その次に「理解＝わかる」の階層があり，最上位に「習得＝身に付ける」「活用＝使う」と進んでいくと述べている（小貫，2012：44-46）。一方で，今井は「一人ひとりの子どもが学習への参加の方法をめぐって互いの意見を表明し，それについて共に吟味していくことで，学びと生活に参加していく」ことができると述べている。そして，そうした参加においては，「当時者性」が重要であり，「自分たちのものの見方や考え方，さらには人との関わり方が問い直され」るものであると今井は指摘する（今井，2015：66-67）。筆者の基本的な考えは，後者の今井の考えに近く，本書では学習参加について，相互に影響しあいながら，相互に変化しあう関係として論じている。

6) 本書では，インクルーシブ授業の原理と方法に焦点化して論じているが，学校づくりや地域づく

りという点からインクルーシブ授業を考えると，通常の学級の教育内容や教育課程の問題を議論しなければならない（窪島，2014：83）。また，学級規模，チームティーチングや少人数指導，特別支援学級の活用方法などについても，検討する必要があるだろう（高橋，2015：143）。これらの検討課題について本書では大きく取り扱わないが，インクルーシブ授業を検討する場合には無視することができない重要な課題であると認識している。

参考文献

新井英靖（2011）『英国の学習困難児に対する教育的アプローチに関する研究』．風間書房．

伊藤友彦・小笠原恵・濱田豊彦・林安紀子（2011）『気になる子どもへの支援　どうしてそうなる？どうすればよい？』．教育出版．

今井理恵（2015）「参加と共同を軸にした授業づくりの方法論」．インクルーシブ授業研究会編『インクルーシブ授業をつくる』．ミネルヴァ書房，60-71．

大野桂（2015）『すべての子どもの学力に応じる―ビルドアップ型算数授業―』．東洋館出版．

小貫悟（2012）「授業のユニバーサルデザイン化を達成するための視点―『授業のUD化をUD化する』ための理論モデルづくり―」．授業のユニバーサルデザイン研究会編『授業のユニバーサルデザイン　Vol. 5』．東洋館出版，43-47．

窪島務（2014）「特別ニーズ教育の今日的課題と『インクルーシブ』教育論の方法論的検討」．日本特別ニーズ教育学会編『SNEジャーナル』第20巻．75-88．

窪田知子（2015）「学校全体の指導構造の問い直しとこれからの学校づくり―ホール・スクール・アプローチの発展的継承をめざして―」．インクルーシブ授業研究会編『インクルーシブ授業をつくる』．ミネルヴァ書房．25-36．

国立特殊教育総合研究所（2005）『自閉症教育実践ケースブック―より確かな指導の追究―』．ジアース教育新社．

国立特別支援教育総合研究所（2008）『自閉症教育実践マスターブック―キーポイントが未来をひらく―』．ジアース教育新社．

小島道生・宇野宏幸・井澤信三（2008）『発達障害の子がいるクラスの授業・学級経営の工夫』．明治図書．

佐々木正美（2009）『自閉症児のための絵で見る構造化』．学研．

鈴木弘恵（2011）「造形あそびをしよう」．小川英彦・広瀬信雄・新井英靖・高橋浩平・湯浅恭正・吉田茂孝編『気になる幼児の保育と遊び・生活づくり』．黎明書房，57-68．

須田治（1999）『情緒がつむぐ発達―情緒調整とからだ，こころ，世界―』．新曜社．

全国情緒障害教育研究会（2003）『通常の学級におけるAD/HDの指導（第2版）』．日本文化科学社．

高橋浩平（2015）「インクルーシブ授業を支える学校づくり・地域づくり」．インクルーシブ授業研究会編『インクルーシブ授業をつくる』．ミネルヴァ書房，136-147．

高橋勝（2004）『教育関係論の現在「関係」から読解する人間形成』．川島書店．

柘植雅義，2004，『学習者の多様なニーズと教育改革―LD・ADHD・高機能自閉症への特別支援教育―』．勁草書房．

溝上慎一（2008）『自己形成の心理学―他者の森をかけ抜けて自己になる―』．世界思想社．

吉田昌義・河村久・吉川光子・柘植雅義（2003）『通常の学級におけるLD・ADHD・高機能自閉症の指導―つまずきのある子の学習支援と学級経営―』．東洋館出版．

第2章　算数の「つまずき」のとらえ方と授業づくり

1．論理的思考力を育てるために必要な生活経験

　前章において，インクルーシブ授業では，子どもの気持ちの揺れ動きに注目しながら，文脈や社会的状況のなかで学ぶ様子をとらえることが重要であると指摘した。こうした授業づくりは，多様かつ末広がりな展開が可能な生活科や総合的な学習の時間であればイメージしやすいが，算数のような教科学習ではどうだろうか。そこで本章では，算数という教科の特性について論じながら，インクルーシブ授業となるためにどのような授業づくりが必要であるのかについて検討したい。

　かつて知的障害児に対する算数教育を研究した遠山は，数量指導や空間・図形の指導において，「抽象したり，一般化したりするいわゆる『論理的思考』」を育てることが重要であると考えた。そして，「ものごとを抽象するために，事象を分析し，それを想像する思考」が重要であると述べている（遠山，1972＝1993，29-30）。

　「論理」とは「思考の形式」とか，「事物間の法則的つながり」という意味である（広辞苑）。すなわち，現象的に見えている形が異なっても，その奥に潜んでいる法則（考え方）や結びつき（形式）が一致していれば，「同じ」とみなすことをいう。こうした（論理的な）思考力を身につけることが算数の目的であるならば，算数の学習においては「法則」という「見えないつながり」に着目させることが必要であり，そのための「抽象的世界の理解」を促進していく指導が不可欠であると考える。

　たとえば，図形の問題で考えてみよう。教師が子どもたちに「紙に四角形を書いてください」と問いかけたとする。すると，子どもは図2-1のようにさまざまな四角形を書くだろうが，どれも正解であり，答えは一つにはならない。しかし，図2-2のような三角形や，円を書いたら「四角形」とはいえない。これは，四角形というものが，「4つの線で囲まれた4つの角がある形」であり，これに反するも

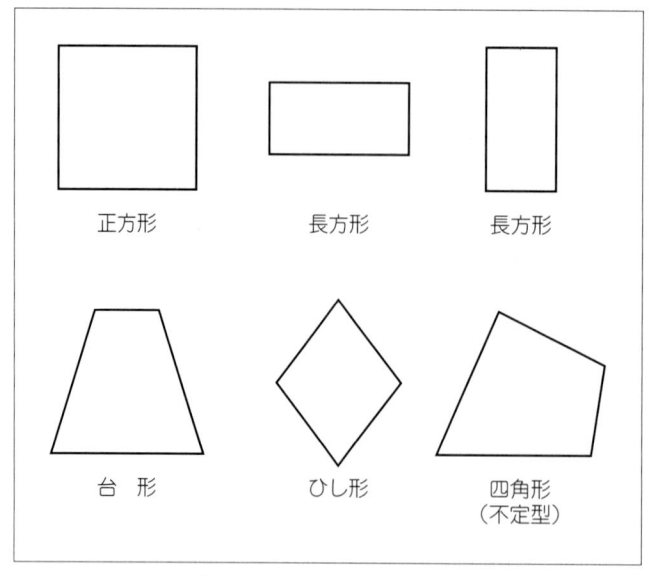

図2-1　いろいろな四角形

図2-2　四角形ではない図形

のは四角形とはいえないからである。このように、算数指導は、正解へと導くことが第一義的に重要なのではなく、「定義（法則・原理）」に従って考え、導いた答えであったかどうかが重要であると考える。

　こうした点は、小学校の学習指導要領解説においても指摘されている。すなわち、算数では「数学的な思考力・表現力は、合理的、論理的に考えを進める」力を身につけることが求められ、「根拠を明らかにし筋道を立てて体系的に考えることや、言葉や数、式、図、表、グラフなどの相互の関連を理解」することが目指されている。

　ただし、数学的な思考力は「知的なコミュニケーションを図るために重要な役割を果たすものである」とも考えられている（文部科学省, 2008a, 4-5）。特に近年では、学力調査のデータを参考にしながら、「数学は楽しい、面白い」と回答する子どもの割合が低下していて、その原因として「数学や理科の内容が自然科学、社会・経済分野・日常生活などで生かされている姿が見えない教科書や授業となっている」ことが指摘されている（市川, 2004, 18）。こうした点をふまえると、算数指導においては日常生活のさまざまな事象と関連させながら、算数を学習することが大切であり、こうした学習を通して算数を楽しいと感じられる授業を展開することが求められる。

2．算数指導と特別支援教育の特徴

　それでは，具体的に算数指導と生活との関係性についてみていこう。これまで，算数の指導方法に関する研究では，「つまずき」をふまえた指導が有効であると考えられてきた。そのため，学年ごと，あるいは単元ごとにつまずきの特徴が研究され，それを克服するための指導方法をまとめた書籍が出されている（中村，2004；小島，2005など）。

　たとえば，小学校1年生の算数の単元で，「10より大きい数（20までの数）」を指導する場面では次のようなつまずきが多いと指摘されている。

- 1対1対応の原理がわからない（例：同じものを2度数えてしまう）
- かたまりをとらえる意識があまりない（例：10個のものをかたまりにしてとらえられない）
- 位取り・記数法が定着していない（例：数が「15」とわかっても，「10」と「5」をそのまま隣り合わせにして「105（じゅう・ご）」と記載してしまう）

　この単元は，1年生の2学期に取り扱われることが多い単元であるので，子どもたちが夏休みに見ることが多かったと思われる「ひまわり」を数える問題が例示されることがある。ひまわりであれば，たくさん咲いているところを生活のなかで見たことのある子どもも多いのでイメージしやすいだろう。加えて1本，2本といった単位も理解しやすい物なので，10より大きい数を数えることに適していると考えられる。

　ただし，上記の算数のつまずきをふまえ，ひまわりを用いて指導するとしたら，次のように指導することが必要になる。たとえば，「1対1対応の原理」を子どもにもっとわかりやすくするために，「ひまわり」を1本ずつ離して置いたり，葉を取り去って茎がはっきりと見えるようにするといった工夫をしたり，指を当てて数えやすくするような指導の工夫が必要となる。また，「10のかたまり」を意識させるために，鉢の中に10個の花瓶のようなものを置き，そこにひまわりを1本ずつ刺していくというような操作活動をさせるといった工夫も必要であるかもしれない（図2-3）。加えて，位取りや数の記し方（記数法）がわかるように，マス目のあるノートを使用したり，黒板に10の位と1の位が意識できるように四角を作ると良いだろう。

第Ⅰ部 「学ぶ」とはどういうことか？

図2-3　ひまわりを数える指導の工夫

　以上のように,「つまずき」をもとにして，解決までのプロセスを明示する指導方法の開発は，論理的思考を育てる算数指導においては不可欠のものである。そして，こうした授業づくりの方法は,「困難」あるいは「できないでいること」をもとに指導上の工夫や配慮を考えるという点で特別支援教育と共通点が多いと考える。

3．計算障害の子どもの認知特性と算数指導の課題

　算数のなかでよくみられる子どもの「つまずき」は，算数の抽象性に由来するものである[1]。すなわち,「算数」という教科は「現実世界」と「抽象概念」を「数（あるいは数式）」という記号で結びつけることが求められるが，算数が苦手な発達障害児（英語ではディスカリキュラ【dyscalculia】という）は「記憶」や「視空間認知」，あるいは「継時的処理」に困難があるために，数概念や数の直感的理解に困難が生じることが多い（Clayton, P., 2003, 7 ; Bird, R., 2009, 1-2）。
　たとえば,「りんごが2個」という状態を数として理解するには，リンゴが実際に2個あるという「現実世界の表象（イメージ）」と「2」という数詞，そしてそれを「いち・に」と数唱し,「全部で2個ある」と数え，認識できるといった「(数対象と数詞と数唱の）関係性」を理解できていなければならない（図2-4）。
　これまで日本の特別支援教育においても，こうした認知面または情報処理の困難さをふまえて指導方法が検討されてきた（藤原，1995など）。たとえば,「りんごを3つ買ってきました。家についたらすぐに2つ食べました。りんごはいくつ残っていますか？」という問題が出されたときに，頭の中で「3－2＝1」という処理

図2-4 数詞・数唱・数対象の関係

（立式＝抽象的思考）が難しいので，答えを導くことができないと考えられる。

　発達障害児の認知特性に対する研究では，こうした学習上の困難の背景に，視空間認識や認知処理過程（ワーキングメモリなど）に困難があると指摘されてきた。具体的には，視空間認識に障害がある子どもは，筆算をするときに升目がないと桁がずれやすかったり，図形が正確に見えていないことがある。また，学習障害児は「算数に照らし合わせて文章の関係をまとめ上げる」ことが苦手であるので，「文章題の数字・キーワードに印を付ける」などして，情報を適切に処理できるような指導が必要であると指摘されてきた（熊谷，2009）。

　熊谷はこうした学習障害児の困難をとらえるためには，「認知機能との関連性を考えなければならない」と指摘し，そのため，「教科である算数の学習指導要領の領域（数と計算，量と測定，図形，数量関係）から見たのではよくわからない」と述べている（熊谷，2009，33）。こうした研究知見を活かして，通常の学級で学習している学習障害児等に対し，算数で学ぶべき学習内容や課題遂行過程を見てわかりやすくする指導の工夫を考えた実践が算数授業のユニバーサルデザインである。この授業では，「数学的な見方・考え方にかかわる言葉は，文字の大きさや色を変えたり，アンダーラインや四角で強調したりする」などして授業を構造化することが効果的であると指摘されている（伊藤，2015，74）。

　筆者も，学習障害児の特異的な見え方や数的処理の方法が存在するということは理解している。そして，こうした子どもたちの算数指導において個別的に，そして専門的に学習できる方法（特別支援学級等での個別指導をを含む）を用いる必要があるという点についても否定しない。しかし，ユニバーサルデザインの授業づくりで紹介されている方法を駆使するだけで，算数に含まれる抽象性を理解できるとは考えられない。なぜなら，算数の「わかりにくさ」の背後には，個人の認知的な特性

第Ⅰ部 「学ぶ」とはどういうことか？

図2-5 卵パックを使って数える

だけではなく，算数の課題や教材に含まれる社会・文化的な側面が大きく関係していると考えるからである。

4．算数の教材を社会・文化的な視点から考える

（1）操作活動ではなく，社会・文化的活動としてとらえる

算数の教材を社会・文化的視点からとらえ直すという点について，先に例示した「ひまわりの数を数える」という算数の学習を再び取り上げて，考えてみたい。

「20までの数」を学習する教材を社会・文化的視点から検討すると，この学習において果たして「ひまわり」を用いることが良かったのか，という点を検討しなければならないと考える。すなわち，「10のまとまり」をつくって数えることが指導のポイントであるのに，ひまわりは束にして数えても，9本の束と10本の束の違いがわかりにくいものである。そもそも，ひまわりは「10本ください」というような買い方は日常的にはしないので，子どもが「10本のかたまり」を意識するには不向きな物なのではないだろうか。

このように考えると，「10より大きい数（20までの数を数える）」という単元では，「ひまわり」よりもっと「1個ずつ分離して見える物」で，「10個のかたまりがわかりやすい物」を用いて指導するほうが良いと考えるほうが合理的である。こうした視点から教材を探すと，卵のほうが適しているのではないだろうか（図2-5）。

卵は，枝葉のないシンプルなものであり，かつ，10個の単位で「かたまり」として見るのに適した容器が簡単に入手できる。こうした容器を利用して，①卵パック

にいくつの卵が入っているか，②卵パックの外にいくつの卵があるか，③卵は全部でいくつか，という計算のステップを明示すれば，解決過程をイメージしやすいだろう。

このように，「10より大きい数（20までの数）」を学習する際に，夏休み明けの授業だから「ひまわり」を用いるというのは，一見，社会・文化的視点をふまえた指導のように見えるが，これでは算数的な思考と結びつかず，課題を難しくしてしまう危険性すらある。一方で，卵パックは10のかたまりを意識しやすくなることに加えて，子どもたちが生活のなかで日常的に使っていて，10個単位で買い物をする物でもあり，頭のなかで「10のかたまり」をイメージしやすいと考える[2]。

このように，子どもが学習内容を理解できるかどうかは，単に子どもの認知面の障害特性を考慮するというだけではなく，教師がどのような教材（あるいは道具や素材）を利用するかによって大きく変化すると考える。

（2）算数指導における必然性と価値のある問い

子どもの日常性，あるいは社会・文化的視点をふまえた授業づくりをもっと具体的に表現するとしたら，「必然性と価値のある問いを提示する」ことが重要であるといえるのではないか。たとえば，次のような問題を例に挙げて考えてみたい。

【単元】「場合の数」
【問い】観覧車・メリーゴーランド・お化け屋敷・ジェットコースターの4つのアトラクションがある遊園地に行った時，順番を変えて乗ると何通りの乗り方があるか？

この問題は，場合の数を計算する問題としてはあり得るかもしれないが，子どもの日常性や社会・文化的視点から考えると，子どもたちは「そういうことを考えて遊園地には行かない」と感じることだろう。あるいは，「アトラクションが4つしかない遊園地はつまらないから行かない」と考えるかもしれないし，「私はずっとジェットコースターに乗る」という子どももいるかもしれない。このように，遊園地のアトラクションの乗り方は何通りあるかという問題は，子どもにとって解く「必然性」がなく，「価値」も感じられないものである。

同じことが「りんごを3つ買ってきました。家についたらすぐに2つ食べました。りんごはいくつ残っていますか？」という文章題についてもいえる。ある子どもは，りんごを3つ買ってきて，家についてすぐに2つ食べてしまったら「親に怒られる」と考えるかもしれないし，「一度に2つも食べたくない」と思うかもしれない。

第Ⅰ部 「学ぶ」とはどういうことか？

```
例：時間と距離と速さの関係を学習する課題

問い①  自動車と鉄道はどちらが早く到着しますか？
       自動車（時速40km/120km）
       鉄道（時速60kim/60km）
       鉄道（時速90km/90km）
       乗換待ち時間 30分

問い②  家から旅館まで4時間かけて旅行しようと思います。
       あなたは、自動車と列車のどちらを使ってどのように
       遊びながら旅館に行きますか？
       （価値を含む問いを／時にはグループで）
```

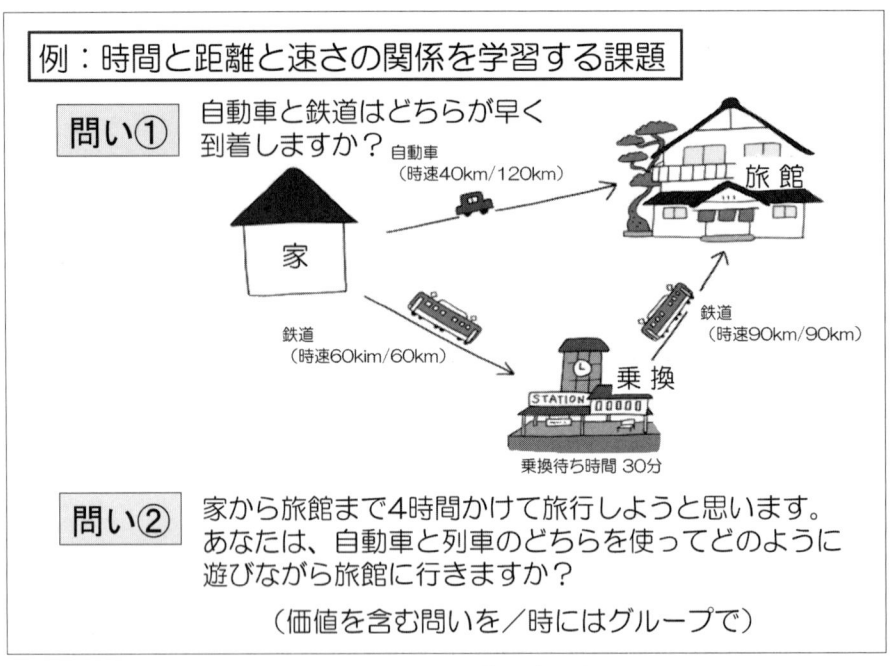

図 2-6　価値を含めた「問い」を考える

つまり，アトラクションの乗り方の問題にしろ，りんごの残数を計算する問題にしろ，日常的にそうした状況があまりない問題を提示し，子どもたちに無理に計算をさせようとしていると考えられる。これでは，算数が苦手な子どもは課題を解こうという気持ちになれず，授業に参加したいと思わないだろう。

そうではなく，もっと算数の問題を解く必然性や価値を子どもに提示しながら授業を展開することができないだろうか。たとえば，「時間・距離・速さ」の問題では，「時速40kmで走る車が120km先の場所まで到着するのに何時間かかりますか？」と尋ねるよりも，「自動車と鉄道ではどちらが早く到着しますか？」と尋ねたほうが，子どもたちは「競争だ。計算してみよう！」と思って意欲的に計算しようとするのではないだろうか。もっと価値を含めた問いを考えるとしたら，「家から旅館まで4時間かけて旅行しようと思います。あなたは，自動車と列車のどちらを使ってどのように遊びながら旅館まで移動しますか？」という問題にしたほうが子どもたちは興味をもって問題に取り組むのではないだろうか（図2-6）。

これは，算数の言語活動であるといえるだろう。こうした問題を提示すれば，算数が苦手な子どもでも「待ち時間に駅でその土地の食べ物を食べたい」というような生活感覚あふれる意見を述べて，授業に参加できるかもしれない。そして，こうした意見に対して，「自動車でもサービスエリアで食べ物は買えるよ」と反論する

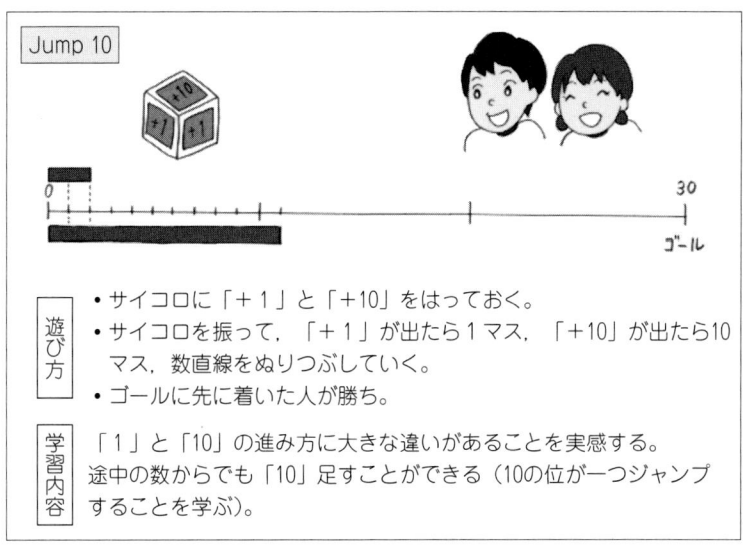

第2章 算数の「つまずき」のとらえ方と授業づくり

```
Jump 10

遊び方
・サイコロに「+1」と「+10」をはっておく。
・サイコロを振って，「+1」が出たら1マス，「+10」が出たら10マス，数直線をぬりつぶしていく。
・ゴールに先に着いた人が勝ち。

学習内容
「1」と「10」の進み方に大きな違いがあることを実感する。
途中の数からでも「10」足すことができる（10の位が一つジャンプすることを学ぶ）。
```

図2-7 「桁」の違いを実感する

子どもが出てきたら，「サービスエリアで休む時間を加えると，到着の時間は何分遅れるか？」とか「同じ時間に到着するためには車の時速を何 km に上げなければならないか？」というように問題を発展させることもできるだろう[3]。

以上のように，子どもにとって価値のある問いとなるように工夫することで，算数の問題を解く必然性が生まれる。また，そうした価値のある問いをみんなでワイワイ話し合いながら取り組めば，学習の進んでいる子どもも遅れている子どもも学習に参加できる機会が多くなると考える。

5．遊びやゲームを取り入れた授業づくり

それでは，子どもにとって必然性と価値のある活動とはどのようなものだろうか。幼児期や小学校低学年の子どもの価値のあるものを考えたら，「遊び」や「ゲーム」をまず思い浮かべることだろう。幼稚園や小学校低学年の教師は，なぞなぞやしりとり，オノマトペ（「肩をトントンたたく」というように，ものごとを音にして表現すること）などを利用した言葉遊びをしながら，子どもの言葉の力を伸ばそうと考えるが（文部科学省，2008b，147；谷田貝ほか，2014，129など），算数の指導でも，ちょっとした時間を使ってサイコロやトランプなどを使った遊びを取り入れることができるのではないだろうか。

たとえば，「1」と「10」のサイコロを作り，サイコロを振って出た数だけ数直

線を進めていくというようなゲームを行ったとする（「Jump 10」のゲーム参照：図 2-7）。このゲームでは，「1」が出ればちょっとしか進まず，「10」が出ればたくさん進むので，ゴール（30や50のところ）にどんどん近づいていくことが見てわかる。また，このゲームは追いついたり，追い抜かれたりすることがわかりやすく，「10」が出たら歓声を上げて喜ぶことも多いだろう。こうした楽しい雰囲気のなかであれば，算数が苦手な子どもでも抽象的な算数の問題を解こうとするだろう[4]。

そして，このゲームを通して，子どもは「1」と「10」の間に大きな差があることを実感できるだろう。そもそも，数を十分に理解していない算数が苦手な子どもは，「10」という数を見たときに，「1」と「0」としか見えず，「10」と「1」の量の差について「さほど変わらない」という認識になっている可能性もある。しかし，そうした子どもがこのゲームのなかで，「10」が出ると「ビューンとたくさん進む」という実感をもつことができたら，「桁が違う」とはどういうことを感覚的・身体的に理解する一助となるのではないか。

また，最初にサイコロで「1」を出して，1つだけコマを進めたあと，次に振ったときに「10」が出れば「11」まで駒は進み，再び次に「10」が出れば，「21」のところまで駒を進めたという経験をしたとする。この経験を通して，「10マス進む」ということは「11」→「21」というように十の位が一つずつ増えていくことだということを理解するだろう。こうした経験をしていれば，たとえば，「21＋1」という計算をしたときに，桁がずれて間違って計算してしまい，「31」と答えたとしても，「何かおかしい」と気づくことが多くなると考える。

もともと，算数は「量から数へ」という道筋で指導することが重要であると指摘されてきた（山下ほか，1993など）。今回紹介した「Jump 10」のゲームは，10という記号でしかない数を量に置き換え，社会的活動のなかで学習できるように工夫したものであるといえるだろう。以上のように，学習の「つまずき」を取り除く学習指導の方法を考えてみると，ゲームを取り入れたり，子どもが解いてみよう思う「必然性」や「価値」のある問題を設定することが重要である。言い換えると，算数は論理的思考を育てる教科学習であるが，論理というものは単なる思考操作ではなく，日常的な体験や社会・文化的な活動をベースにしながら学ぶものであると考えられる。そのため，教材や学習課題をこうした視点から見つめ直し，必然性や価値のある活動へと発展させて，多くの子どもが学習に参加できるように授業づくりを進めることが重要であると考える。

それでは，論理的思考を育てる算数の授業のなかに，どのようにすれば感覚的・身体的な実感や子どもにとって価値のある学習活動を組み入れていくことができる

第2章　算数の「つまずき」のとらえ方と授業づくり

のか。次章で具体的な授業を取り上げて検討したい。

注

1) ゲルマン（Gelman, R.）らの研究においても，計数ができるようになるためには「数の抽象性」を理解することが重要であると指摘されている（Gelman, R. and Gallistel, C.R., 1978＝1988）。
2) もちろん，日常性（社会・文化的視点）が算数の思考を阻害することもある。たとえば，「8の半分は？」と教師が問いかけると，「〇（丸）です」という子どもがいるということを現場の教師から聞いたことがある。これは，「8」を数として認識することができずに，形態的に上下に半分に分割するというイメージしかもてないでいる子どもであると考えられる。このように，算数という教科は，新しい知識が与えられても，既有知識の影響を受けて，「そのまま子どもの中に取り込まれない」ので，抽象化や論理的思考が妨げられることがある（吉田，1991，12-14）。こうした，子どもの「こじつけ的原理や個別的原理」から抜け出すためには，日常経験では統合しえない事態に直面するなど，生活や遊びのなかで新しい出来事と出会うことが重要であると考えられている（武田，1999，1983；中島，2000，142）。
3) 佐藤の提唱する学びの共同体では，「ジャンプの課題」という考え方があるが（佐藤，2001，45），ここで例示した「価値を含めた問い」もジャンプの課題として位置づけることができるのではないかと考える。しかし，基礎ができたら必然的にジャンプの課題に発展できるというものではなく，本章の授業エピソードにあるような生活感覚あふれる対話のなかで生じた疑問こそ，課題がジャンプする契機となると考える。
4) このゲームは英国の計算障害の子どもに向けた算数指導の本のなかに掲載されていた教材である（Bird, R., 2007, 96-97）。こうした算数遊びについては，算数あそび研究会の書籍（算数遊び研究会編，2015）にも類似する算数遊びの実践事例が多く掲載されている。

参考文献

市川博（2004）「現代社会の学びのあり方―『確かな学力』の確かなあり方へ―」．日本教育方法学会編『確かな学力と指導法の探求』（教育方法33）．図書文化社，12-25.

伊藤幹哲（2015）『算数授業のユニバーサルデザイン―全員で楽しく「数学的な見方・考え方」を身に付ける！―』．東洋館出版.

熊谷恵子（2009）「算数の指導」．『児童心理』No. 908，26-34.

小島宏（2005）『算数授業　つまずきの原因と支援』．教育出版.

佐藤学（2001）『学力を問い直す―学びのカリキュラムへ―』．岩波ブックレット No. 548．岩波書店.

算数あそび研究会編（2015）『誰でもできる算数あそび60』．東洋館出版.

武田俊昭（1999）『数概念の発達と指導に関する研究』．風間書房.

遠山啓（1972）『歩きはじめの算数―ちえ遅れの子らの授業から―』．国土社．(1993年新装版【現代教育101選】から引用した)

中島伸子（2000）『知識獲得の過程：科学的概念の獲得と教育』．風間書房.

中村亨史（2004）『つまずき撃退！　補充学習シート1・2年』．図書文化社.

藤原鴻一郎（1995）『発達に遅れがある子どもの算数・数学　①数と計算編』．学研.

文部科学省（2008a）『小学校学習指導要領解説　算数編』．

第 I 部　「学ぶ」とはどういうことか？

文部科学省（2008b）『幼稚園教育要領解説』．
谷田貝公昭・広瀬満之編著（2014）『実践保育内容シリーズ④　言葉』．一藝社．
山下皓三・松井茂昭・山本なつみ編著（1993）『数を育てる』（学習レディネス指導シリーズ3）．コレール社．
吉田甫（1991）『子どもは数をどのように理解しているのか―数えることから分数まで―』．新曜社．
Bird, R. (2007) *The Dyscalculia Toolkit*. SAGE.
Bird, R. (2009) *Overcoming Difficulties with Number*. SAGE.
Clayton, P. (2003) *How to Develop Numeracy in Children with Dyslexia*. LDA.
Gelman, R. and Gallistel, C. R. (1978) *The Child's Understanding of Number*. Harverd University Press.（小林芳郎・中島実訳（1988）『数の発達心理学―子どもの数の理解―』．田研出版．）

第3章　算数指導における感覚と身体の重要性

1．感覚・身体を基盤にした論理的思考力の育成

　前章では，算数の教材や学習課題を社会・文化的に提示することで子どもの理解が異なると指摘した。これは，近年，小学校算数科において「算数的活動の一層の充実」が求められていることと関係があり，算数の時間のなかに学習困難児が「わかった！」と実感できる文化的な活動（算数的活動）を用意することが今後ますます重要になってくることを意味する。

　この点について，文部科学省から示された学習指導要領解説では，「数量や図形について実感的に理解し豊かな感覚を育てながら，基礎的・基本的な知識・技能を確実に定着させる」ことが重要であると指摘されている（文部科学省，2008，5）。また，算数的活動を取り入れることによって，算数の授業を「分かりやすいものとする」だけでなく，「楽しいものとする」ことや「感動のあるものとする」ように改善することが求められている（文部科学省，2008，19）。

　算数授業のユニバーサルデザインを論じている盛山も，「算数授業では，答えを求める，計算を解くことに終始してしまいがち」であるが，「『算数が楽しい，おもしろい，もっとやってみたい』という体験をさせる」ことが重要であると述べている（盛山，2013，68-69）。しかし，実際の提案授業では，授業の導入を工夫したり，教材を提示する方法を吟味することなく，「早速問題を出します」として授業を始め，□にあてはめる数を考えさせる課題に取り組ませている。

　これは，興味の出る問題に即座に取りかかり，数字や数式を操作する学習をすれば算数が楽しくなり，論理的思考力が身につくということを含意した授業実践の提案であると考えられる[1]。しかし，筆者はこうした形式論理的に授業を展開しても，算数が苦手な学習困難児にはその楽しさを味わわせることは難しいのではないかと

考えている。そうではなく，算数という論理的思考が求められる教科学習であっても，いや，論理的思考力が未熟な子どもたちに対する算数の授業だからこそ，算数に含まれている感覚的・身体的な側面をたくさん取り上げて授業を展開する必要があるのではないだろうか。

　本章では，こうした問題意識をもちながら，算数を感覚的・身体的に学ぶことで，学習困難児の算数の理解がどのように深化・発展するのかについて具体的な授業事例をもとに検討したい。

2．さわって，試して，感じる算数の授業

> 観察日：2014年10月
> 場　所：茨城県内B小学校3年生
> 授　業：算数「重さを調べよう」

（1）天秤ばかりで遊ぶ子どもたち

　算数指導における感覚的・身体的側面の重要性を考えるにあたり，小学校3年生の「重さを調べよう」という授業を取り上げてみたい。このクラスには，「一斉授業では参加が難しい児童や集中力が短い児童，理解に時間を要する児童」など，配慮を要する児童が多くいた。そのため，年度当初からクラス全体が落ち着きのない状態が続いていた（良くいえば活発な子どもの多いクラスであった）。こうしたクラスであったので，授業者は「体験的な活動を通して重さに興味を持ち，長さと同じように，重さでも単位を決めて数値化できることに気づくとともに，普遍単位であるグラム（g）の必要性を感じることができるようにする」ことを目的とした（学習指導案の「授業者の思い」より）。

　この授業では，黒板に「ミッション　どっちがどれだけ重い？」という課題を書き，「昨日と違うところはどこでしょう？」というように問いかけるところから授業をスタートさせた。その後，クラス全員で今日の授業の課題を確認した上で，「どれだけ重い？」という課題はどのようにして調べたらよいか，重さを比べるにはどうしたらよいかなど，それまでの授業で子どもたちが学習してきたことを確認し，算数が苦手な子どもに対しても「何をする授業であるか」がわかるように教師は子どもたち全員に説明をした。

図3-1　天秤ばかりで重さを比べる

　授業者の話では，このクラスの子どもたちは「天秤」が目の前にあると，いろいろ操作したくなってしまうので，研究授業の前に（つまり，単元の最初の時間に），いろいろな物の重さを量って天秤をたくさん使う授業を行ったという。それでも，研究授業の当日は，再び登場した天秤にさわりたくなる子どもが続出し，教師から配布された今日の課題で使用する積み木やビー玉，洗濯ばさみなどを天秤に乗せ，（教師の指示とは違う）勝手な計量を行うグループがたくさんあった。教師もその様子をみて，少しの時間，子どもたちの（勝手な）活動を見守りながら，時機をみて「確認します。一度，こちらをみてください」と声をかけた。そして，「もと（基本―筆者注）にする物は何でしたか？」という確認や，「何を使って重さを量りますか？」というように，あらためて授業で子どもたちが行うべき手順を確認した。

（2）天秤ばかりの魅力は何か？

　一見すると，このクラスの授業は「子どもたちの落ち着きがなく，ざわざわとした雰囲気の中で学習活動が展開されている」と評価されてしまうかもしれない。しかし，このクラスの子どもは整然と先生の言われた通りにやるクラスよりも天秤にふれている回数は多いと推察できる。また，教師が一つずつ指示をする前から，さまざまな物を天秤に乗せて重さを量りはじめているので，実際に教師の指示に従って重さを量る以前から「何となく，〜のほうが重いかな」と感じ取っている子どもも多いのではないかと考える。

　もともと，天秤という道具はちょうどよい物を乗せると左右が釣り合って，両方とも浮くという，（子どもにとっては）とても不思議な道具である。そうした物を目の前にして，子どもたちは心が揺さぶられ，いろいろな物を天秤の両方に「つい，置いてみたくなる」のだろう（図3-1）。

この授業では，そうした魅力的な天秤をどこまでさわらせて，試させて，感じさせるかを判断することが教師に求められていたと考える。それは，こうした「重さ」について考える基礎となる「遊び」の時間をどのくらい取るかが，その後の授業内容の理解を左右するからである。

　もともと算数は，「つい，手が出てしまう」というような遊びを通して，重さを数値化したり，どちらが重いかを比較したりして，数量の理解が進んでいくものである。数や量の発達を研究したピアジェも，同じ重さの物はどのような置き方をしても均衡するなどの数学的思考（可逆的な操作）は「観察をとおしてしか分析することができない」と述べている。すなわち，「だいたい4歳くらいから，子どもに，実験用の対象を操作させるというかんたんな実験によって，規則的な反応をうることができるし，また，子どもと会話をつづけていくことができる」と指摘する（Piaget, J., 1952=1960, 243-244）。算数の授業づくりに関して，長年，実践的に研究してきた吉田も，「『算数って楽しい』と思わせる方法として，手を使った操作や体験活動を取り入れること」が有効であると指摘している（吉田, 2015, 60）。特に，そうした操作や体験をみんなで行うことで，「数や形に対する感覚を豊かにし，共通体験を増やすこと」で，その後の算数の授業は変化すると考えられている（吉田, 2015, 67）。

　こうした指摘をふまえると，算数指導における「論理的思考力」の基盤にあるものは，「これを乗せたらどうなるのだろう？」といった遊び心であるといえるのではないだろうか。たしかに，小学校3年生で遊びから抜けられないでいる子どもたちは「幼い」のかもしれないが，逆に，そうした子どもたちの様子から，算数指導において「道具を使った遊び」を取り入れることが重要であるということを再確認することができると考える。

3．解いてみたくなる「問い」の設定

> 観察日：2014年9月
> 場　所：茨城県内B小学校2年生
> 時　間：算数「三角形と四角形」

（1）「遊び心」のある課題設定

　もう一つ，算数の授業を例に挙げて考えていきたい。筆者が参観した算数の授業

(2年生「三角形と四角形」)では,「図形を構成する辺,頂点,直角などの要素に着目し,三角形,四角形,正方形,長方形,直角三角形の定義や性質について理解できるようにすること」を目標としていた。具体的には,以下の3点を指導の柱にしていた。

> ① 『さんかく』『しかく』などの日常語であいまいに表現していた事柄を,
> ② 図形を弁別したり,書いたりする算数的活動を取り入れ,
> ③ 置かれた位置や向き,大きさに関係なく,定義をもとに判断できるようにする。

ただし,このクラスには,「学習への意欲にむらがあり,集中力が続かない児童や理解に時間を要する児童がいる」ことを考慮して,「言葉だけでなく,操作活動を取り入れたり,具体物を用いて視覚的にとらえさせたりすること」(上記②の視点)を重視して,授業を展開しようと教師は考えた。具体的には,四角で囲む作業をさせるときに,子どもたちがより意欲的に取り組めるように,

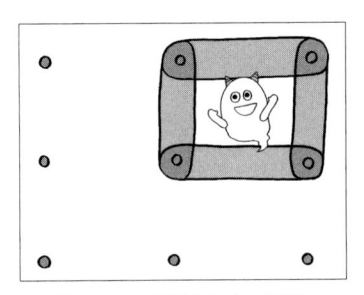

図3-2 妖怪を四角で囲む

「四角形でかこんで,ようかいをつかまえよう」という課題を提示した。そして,9つの点を示した上で,ある箇所に妖怪のイラストを貼り,それを4本の直線で囲むという学習活動を行った(図3-2)。

授業では,まず子どもたちを黒板の前に集めて,先生が妖怪の囲み方を示した。子どもたちは先生のやり方をみながら,課題の解き方をみんなで理解し,その後,自分の席に戻って,配布されたプリントをもとに,各自,妖怪の囲み方を考えた。

このように,始めに具体的なやり方を示したので,多くの子どもが妖怪を四角(4本の線)で囲むという学習課題については理解し,最初の一つはすぐに多くの子どもが解答できた。しかし,算数が苦手な子どもは,一つ作るとそこからなかなか広がらずに苦戦している様子もうかがえた。加えて,他の子どももすぐに見つけられる子どもばかりでなく,「このやり方は良いのか?」と疑問が生じ,周りの友だちのやり方を確認している子どもも多くいた。

この授業では,机間指導の際に,子どもたちから「先生,こんな囲み方はいいの?」という質問が出された。このとき教師は,その子どもにだけ指導するのではなく,一人の疑問をみんなの疑問としてとらえ,その都度,クラス全体で取り上げ,子ども達に「○○さんから『こんなやり方は良いの?』という質問がありましたが,

第Ⅰ部 「学ぶ」とはどういうことか？

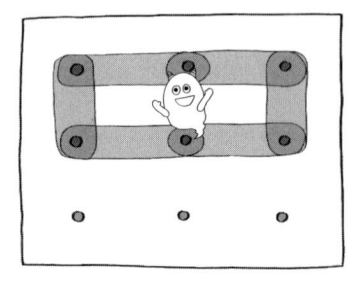

図3-3 妖怪を6つの棒で囲む

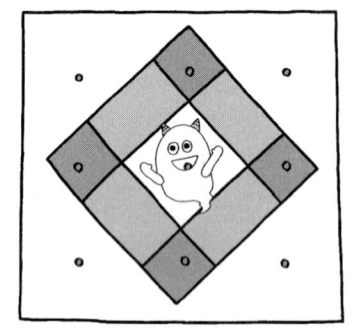

図3-4 妖怪を斜めの棒で囲む

図3-5 四角形ではない形で囲む

みなさんはどう思いますか？」と問いかけていた。

たとえば，「6つの棒を使って細長くしてもいいか？」という疑問を抱いた子どもを見かけたときに，教師はその場で黒板に質問された形を作り，「このようにするのはいいですか？」（図3-3）とクラス全員の子どもに尋ねた。このとき，短い棒を2つホチキスでとめてつなげ，長い1本の棒を作って子どもたちに見せ，黒板に貼り付けていた。その形を見た子どものなかには，「長い棒があっても，角が4つならいいと思う…」というような説明ができる子どももいて，クラスではそうした方法で大きく囲むことも良いということを学習した。

同様に，「棒を斜めに使っても良いか？」（ひし形：図3-4）というように，子どもたちから質問が出されたら，その都度，「これも四角形ですか？」と疑問を投げかけ，クラス全体で解決をしていった。もちろん，すべて正解につながるものばかりでなく，図3-5のように，「長い棒を組み合わせたら，三角形になってしまった」というパターンも授業では取り上げられた。そして，これが四角形ではないのはなぜかという点についても，やはりみんなで考え，定義を確認することで，四角形とはどういうものであるかということをクラス全体で深めていった。

このように，いろいろな四角形を作り，「学び合う」ことで，一つのパターンから抜け出せないでいる子どもの思考を広げたり，深めたりすることができた。この授業では，四角で囲んだものを隣の友だちに見せて考え方を広げていくことも行っていたが，そうしたペア学習の効果が高まるのは，「妖怪を四角形で囲む」といった遊び心のある課題があったからであり，棒を操作しながらみんなでワイワイ考える算数的活動があったからだと考える[2]。

（2）さまざまな学習活動のなかで法則を学ぶ

　以上のように，四角形（4つの線と4つの角がある形）の定義を学び，実際に棒を置いて妖怪を囲んでみて，出来上がった形をみんなで見ながら，「これは四角形か？」と再び定義に戻る。こうした学習活動を繰り返し行っているうちに，多くの子どもたちが「四角形」というものを理解し，見かけの形の違いに惑わされることなく，「論理的に思考する力」を身につけていくのだと考える。

　ただし，算数が苦手な子どもは，「集団で思考しているうちに，何となく四角形がわかってきた」という理解にとどまっていた。たとえば，今回，取り上げた授業では，発展問題として，16個の点を示し，2つの妖怪を囲むという課題が与えられたが，このとき，算数が苦手な子どもは，最初に学んだ「捕まえ方」から抜け出すことが難しかった。

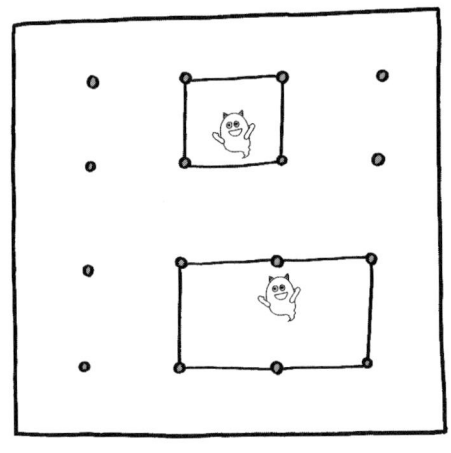

図3-6　最小の4点で囲む

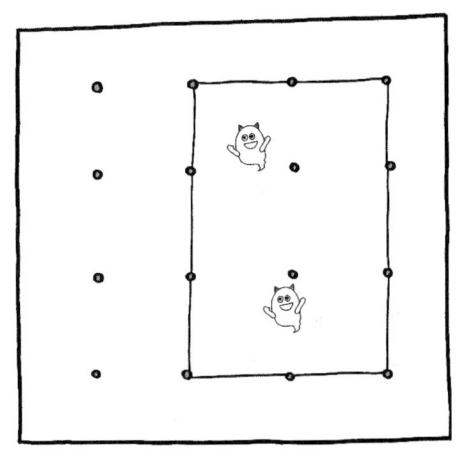

図3-7　2つの妖怪を大きく囲む

　すなわち，図3-6のように2つの妖怪をそれぞれ囲んで「できた！」と考え，図3-7のようにの2つの妖怪をいっぺんに囲む四角形を考えることが難しい子どもがいた。これは，算数が苦手な子ども，つまり「論理的に考えることが苦手な子ども」は，単に隣の友だちのやり方をみても図形の原理にまで思考を深めることが難しく，それまで学習したパターンを拡張（応用）して考えることができないからだと考える。

　もちろん，このような「つまずき」が生じた理由として，授業の最初のデモンストレーションで，一つの「囲み方」しか示さなかったことが原因であるとも考えられる。ただし，最初から，いろいろな形（台形やひし型，長方形など）ができるということを教師が示してしまったら，子どもたちは「どうしたら四角形が作れるか」について考えなくなってしまう可能性もある。そうなると，先生が提示したやり方に沿って，いろいろな四角形をつくり，「妖怪を捕まえる」というだけの授業に

第Ⅰ部 「学ぶ」とはどういうことか？

【ヒントその1】
2つの棒はつなげて，長い一つの棒にして良い

【ヒントその2】
棒は横に使っても，斜めに使っても，縦に使っても良い

【ヒントその3】
四角は大きくても，小さくても良い

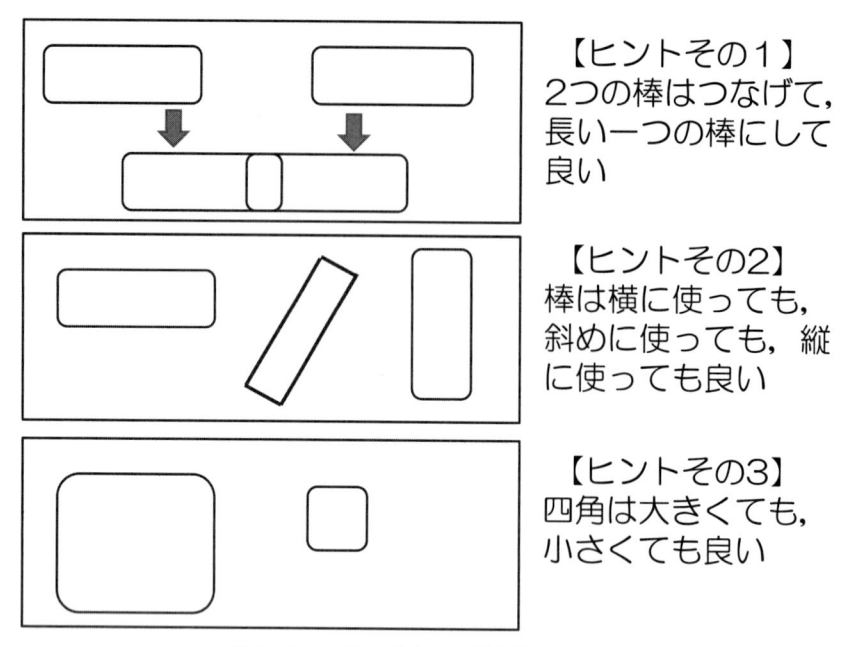

図3-8　いろいろな四角形を作るヒント

なってしまい，定義を深く考える授業にはならないだろう。

　こうした矛盾を打開するために，たとえば，「棒は2つにつなげて長くしても良い」「棒は横に使っても，斜めに使っても良い」「四角は大きくても，小さくても良い」など，考えに行き詰まったときに頼りにできるヒントを用意しておき，つまずきを打開する方法を自分で見つけるというやり方がある（図3-8）。もちろん，ヒントはみんなで共有したほうが良いのか，ヒントカードとして用意し，必要な子どもにだけに渡したほうが良いのかについては，一律に決めるべきものではなく，クラスの子どもの実態に応じて変化させるべきであろう。また，どのようなヒントをどのくらい子どもたちに提示するかといった「足場かけ」の量や方法は，やはり教師が子どもを見ながら判断すべきことであろう。

　今回の授業エピソードからわかることは，算数において論理的思考を育てる場合には，「①定義を示し」「②定義に即して四角形を作り」「③定義・法則を理解する」といった直線的に授業を展開すればよいというわけではないということである。そうではなく，四角形という法則を理解するために「妖怪をつかまえる」というような感覚的に楽しい課題に向き合い，棒を操作するという具体的な活動が用意され，その中で，友だちのやり方を見て，真似したりしながら，時には四角形ではない形を作るなどして，「行きつ戻りつ」する過程を保障することが重要であると考える[3]。

4．図形指導における直感と違和感

> 観察日：2014年10月
> 場　所：茨城県内B小学校5年生
> 時　間：算数「多角形と円について調べよう」

　前節で述べた「直接体験」や具体的な操作活動が可能なのは小学校低学年までで，小学校高学年になると，高度に抽象的な思考が求められ，頭のなかで数式を使って考えたり，形式的な手続きをふんで答えを求める内容が多くなる。

　たとえば，小学校5年生の「多角形と円について調べよう」という授業を例に挙げて考えてみたい。この授業では，「円周率の意味を理解し，円周の長さを求められるようになること」をねらいとしていた。このとき，「円周率を使って，円周の長さを計算する」という課題だけを学習させれば良いのであれば，いろいろな円を子どもに示して，周囲は何cmかを計算させる授業で良い（図3-9）。

　しかし，筆者が参観した授業では，「課題の把握や理解に時間を要する児童」や「学習時に集中できない児童」がいたので，もっと生活のなかで見かける課題を与える必要があると授業者は考え，具体的なトラック図を提示して授業を行うこととした（学習指導案の「授業の視点」より）。具体的には，図3-10のようなトラックを模造紙に描き，それを黒板に貼りだして，インコースとアウトコースで距離がどのくらい違うのかを計算するといった課題を提示した。教師は子どもたちにも同様のプリントを配布し「第4コースの100mのスタート位置はどこでしょう」という課題を提示して計算することを求めた。

　しかし，こうしたプリントを配布しても，「難問のような気がする」とつぶやいた子どもがいたように，課題を理解するのが難しい子どもがいた。この授業の課題を十分に理解できなかった子どもは，「スタートラインはバラバラじゃいけないんでしょう？」と隣の友だちに聞く姿も見られた。これは，学校の運動会くらいの経験では，スタート地点をそろえるという方が自然な感覚である小学生も多くいるということであり，課題の提示の方法を工夫する必要があったと考えられる。たとえば，オリンピックや世界陸上のような大きな競技大会の映像を見せ，正式な陸上競技ではスタート位置がコースによって前になっているということを学習する必要が

第Ⅰ部 「学ぶ」とはどういうことか？

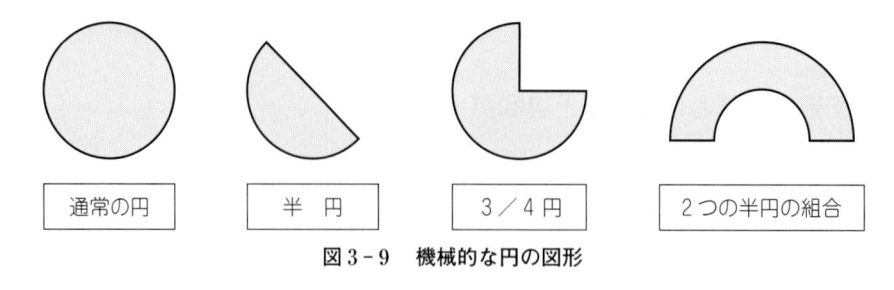

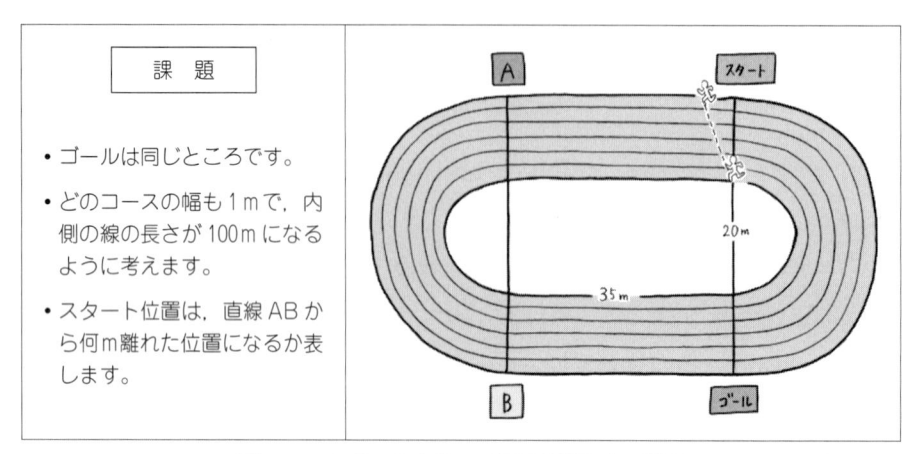

図3-9 機械的な円の図形

図3-10 トラックを使って円周を計算する課題

あったかもしれない。

　また、そもそも、スタート位置が同じではなぜいけないのかということを、子どもたちと授業の導入の時間にもっと話し合ってもよかったかもしれない。たとえば、子どもたちに「スタート位置が同じだったら、どのコースを走るか？」と聞いてみたらどうなるだろうか。一番短いインコース（第1コース）を走ると言う子どもが多ければ、スタート位置が同じでは「不公平」であり、インコースを走る人は「ずるい」あるいは「有利だ」という認識になるだろう。

　このように、子どもたちに各コースの距離を計算する必然性を感じさせるために、「自分だったらどうするか」、あるいは「スタート位置をずらさないと不公平で『ずるい』」といった気持ちを抱かせる導入（課題の提示）が必要であったのではないだろうか。つまり、算数で身につけさせたい「論理的思考力」は、論理的に考えさせる指導を繰り返せば身につくというものではなく、「ずるい」といった感性的側面に支えられているものであると考えられる。

　以上の授業エピソードから示唆されることは、「学習の動機」となるものは、認知的側面ばかりではないということである。すなわち、自己効力感や予見といった認知的な「動機づけ」[4]ばかりでなく、「ずるい」に代表されるような居心地の悪い

感覚こそ，算数の課題を解決しようとする動機になるのではないだろうか。

この点について，森は算数の授業のなかで「わからない！」と発信することが大切であると述べている（森, 2015, 76-77）。小寺も算数指導において，「他者を説得したい。自分で納得いく枠組みをつくりたい，ということが論理的に考える出発点であり，それさえ形成できればその後の文字による論証も受け入れられていく」と述べている（小寺, 2009, 54）。同様に，認識論に関する哲学でも，自己の認識に変化が生じる過程には，「安定した自己の世界」に外部から違和感を伴うものが「侵入」し，「自己の世界の限界」に気付くことが必要であると考えられている（高橋, 2007, 20）。こうした指摘をふまえると，算数で重要なことは，論理的に整理され，誰もがわかるユニバーサルな状況を創り出すことではなく，「ずるい」に代表される居心地の悪い感覚を何とか整理してすっきりしたいという気持ちを引き出しながら授業を展開することであると考える。

注

1) 盛山の提案授業については，『授業のユニバーサルデザイン Vol. 6』, 56-67頁を参照した。なお，こうした導入に対して，同書のなかで提案授業に対するコメンテーターから「事細かに内容を伝えたりしていると，子どもたちは授業に対して受け身的になりがち」であるので，「どこからとりかかると一番簡単か」を考えるために焦点化したと評価されている。
2) 今回紹介した集団で思考する授業の展開については，吉本の学習集団論と重なり合う点が多い。すなわち，吉本は，「授業を教師と子ども達とによる集団思考＝討議の発展として組織することによって，学習を自主・共同的な知的行為にし，探求としての学習を成立させることに迫っていく」ことができると指摘している（引用は，岩垣ほか, 2006, 130-131より）。
3) 鹿毛は学習者が主体的に学べる「教育環境をデザイン」することが求められる時代になってきたと指摘している。これは，教師はただ環境を作ればよいという意味ではなく，学習者の学びが促進するように教師は積極的に環境作りを行った上で，「教育的かかわり」をすることが必要であるということを意味している（鹿毛, 2007, 94）。
4) 伊藤は動機づけには「自己効力感」が重要であると指摘する。そして，動機づけと関連が深い自己調整学習の方略には「予見」「遂行コントロール」「自己省察」の3段階で構成される循環的なプロセスがあると指摘している（伊藤, 2007, 15-18）。しかし，本書では，こうした認知的な側面ばかりでなく，動機の根底にある感覚や身体的理解の重要性を強調するものである。

参考文献

伊藤崇達（2007）「自ら学ぶ方略を育てる」．中谷素之編著『学ぶ意欲を育てる人間関係づくり　動機づけの教育心理学』．金子書房, 13-31.

岩垣攝・豊田ひさき編（2006）『授業と学習集団』（学級の教育力を生かす吉本均著作選集）．明治図書．

鹿毛雅治（2007）「教育実践におけるかかわりと学び」．中谷素之編著『学ぶ意欲を育てる人間関係づ

第Ⅰ部 「学ぶ」とはどういうことか？

  くり―動機づけの教育心理学―』．金子書房，89-107．
小寺隆幸（2009）「算数・数学科における言語指導」．日本教育方法学会編『言語の力を育てる教育方法』（教育方法38）．図書文化社，42-56．
高橋勝（2007）『経験のメタモルフォーゼ―〈自己変成〉の教育人間学―』．勁草書房．
盛山隆雄（2013）「子どもの思いと言葉でつくる算数授業」．授業のユニバーサルデザイン研究会編『授業のユニバーサルデザイン　Vol. 6』．東洋館出版，68-73．
森勇介（2015）『気軽に始める学び合い―算数好きを増やす授業づくり―』．東洋館出版．
文部科学省（2008）『小学校学習指導要領解説　算数編』．
吉田映子（2015）『さわって，つくって，みつけて…算数！―「考えるって楽しい！」授業―』．東洋館出版．
Piaget, J. (1952) *La Psychologie de L'Intelligence*. Librairie Amand Colin.（波多野完治・滝沢武久訳（1960）『知能の心理学』．みすず書房．）

第4章　感覚と身体を通して読み，想像力を育てる授業

1．想像力を育てることの困難さ

　前章において，算数のような論理的思考力を育てる教科学習であったとしても，「違和感」や「ずるい」などといった（居心地の悪い）感覚が学習の基盤にあるということを指摘した。この点は想像力を育てる国語の授業においても同様であると考える。

　ウィングが自閉症を「三つ組の障害」ととらえ，自閉症者は想像力に特異的な困難があると指摘したことは有名である（Wing, L., 1996＝1998）。こうした特徴をもつ自閉症児に対しては，想像力の欠如を補うべく「視覚的構造化」や「ワークシステム」を取り入れ，支援する方法が提案されてきた（Mesibov, G. and Howley, M., 2003＝2006）。国語などの教科学習においても，「ワーキングメモリの困難」に注目が集まり，視空間的短期記憶に困難がある場合には，「内容を描いた絵を参考にさせたり，文章を分解してその構造をわかりやすく示す」など，認知面で想像しやすくする支援が多く紹介されてきた（国立特別支援教育総合研究所，2004，23；湯澤ら，2013，50-52）。

　一方で，障害児の言語発達について研究してきた大伴らは「ことばの意味を習得する際，子どもは単に，ルールや原理を当てはめるだけ」ではなく，「ことばが発せられた際の状況や，社会的やりとりのなかで得た情報を積極的に利用しながら，語の指し示す意味を読み取っている」と指摘する。そのため，遊びとことばの発達には関連性があると考えられている（大伴ほか，2011，17-18）。

　そもそも「想像力」というものは，「遊び」を軸として人間を「認知的－情緒的」にとらえつつ，「共同性－主体性」のなかで育つものであると指摘されてきた（Singer, D.G. and Singer, J.L., 1990＝1997, 47）。遊びと想像力の関連について研究してきた高

第Ⅰ部 「学ぶ」とはどういうことか？

橋も，ふり遊びが空想やファンタジーなど「『虚構』の世界をつくり，その世界でも機能し始めたことを物語る活動である」と指摘する。そして，この虚構の世界における想像こそが「現実の空間時間といった物理的制限を超えて，大きく飛躍できる可能性をもつ」ものであり，高度の精神発達へと結びつくと指摘している（高橋，1993，9-10）[1]。

これまでにも，自閉症の障害特性を単に想像力や認知機能の障害ととらえるのではなく，「知覚─情動─意志的基盤の上で成り立っている対人関係性」から検討することが必要であると主張する研究者はいた（Hobson, P., 1993=2000：浜田，1992：白石，2007：小林，2008など）。しかし，こうした視点から発達障害児の国語指導を分析した研究は少ない。そこで，本章では，「想像力」を広げ，他者と想像世界を共有することが苦手な学習困難児のいるクラスで，国語の授業をどのように展開することが必要であるのかについて検討したい。

2．登場人物の気持ちを考える国語の授業

観察日：2014年1月
場　所：茨城県内C小学校1年生
授　業：国語「たぬきの糸車」

本章で紹介するのは小学校1年生の子どもたちに行った『たぬきの糸車』という物語の読解の授業である。このクラスの担任教師は，国語のお話を読む際に，動作化して内容の理解を深めたり，登場人物の心情を想像するような国語の授業を展開してきた。特に，登場人物に吹き出しをつくり，言葉を入れるなど，理解─想像─表現の連関を形成できるように指導してきた。そうした指導の甲斐もあり，このクラスの子どもたちは，「登場人物の気持ちを楽しく想像する力が育っている」と教師は考えていた。しかし，叙述を手掛かりにして場面の様子や登場人物の心情を想像できる児童は少ないという実態でもあった。何名かの子どもは，自分と登場人物とが明確に区別できていないと推測でき，物語を読む授業では工夫や配慮が必要だと考えていた。

発達的にみつめると，こうした子どもたちは幼児期の自己中心性[2]が残存している状況にあると考えられる。そして筆者は，小学校1年生のクラスには，発達障害

第4章　感覚と身体を通して読み，想像力を育てる授業

表4-1　「たぬきの糸車」の指導計画案

第1次		全文を読んでお話の大体をつかみ，学習の見通しをもつ（1時間）
第2次	第1時	お話の「時・場所・人物・出来事」に注意して読み，木こりの夫婦が住んでいる山奥とたぬきのいたずらについて想像する。
	第2時	おかみさんのまねをするたぬきの様子を動作化し，それを見たおかみさんの様子や言葉からおかみさんの気持ちを想像する。
	第3時	わなにかかったたぬきを助けたおかみさんの行動から想像し，たぬきを助けたわけを考える。
	第4時	糸を紡いでいるたぬきを見たときのおかみさんの驚きと気持ちを想像する。（本時）
	第5時	おどりながら帰っていくたぬきの気持ちを想像し，たぬきになったつもりでおかみさんに手紙を書く。
第3次		オリジナル台本を作って音読劇をしよう。

出典：研究授業の1週間前の指導案検討の際に示された指導計画案より。

児でなくてもそうした実態の子どもが一定の割合でいると考えている。

　たとえば，このクラスでは，『くじらぐも』の話を読んだときに，自分と登場人物とが明確に区別されていない子どもたちが何名かいた。この点をふまえて，授業者は『たぬきの糸車』を読み進める際に「おかみさん」と「たぬき」の両方の視点から心情を理解させることは難しいのではないかと考えた[3]。また，教師は，『たぬきの糸車』という作品が「おかみさん」の視点で書かれていて，「たぬき」のセリフは一つも出てこないという点にも着目していた。そのため，この物語を最後まで読み進めたときには「たぬき」の視点で考え，「たぬき」は「おかみさん」に対してどのような気持ちを抱いていたのかを考えさせる機会をつくってみたいと教師は考えていたが，授業の大半は，「おかみさん」の視点から読み進め，まずは「おかみさん」の心情を理解し，表現させる指導計画が立てられた（表4-1）。

　授業では，子どもたちにお話の全体をとらえさせるために，場面の特徴を示したイラストを渡し，色塗りをしながら内容理解を深めるという活動を行った。こうした方法を用いたのは，このお話が現代の子どもには馴染みの薄い場面や描写が多くあったからである。たとえば，この話の冒頭で「山おくの　一けんや」というような表現があるが，この描写を深くとらえるためには「とても寂しいたたずまい」であるということを感じる必要があるだろう。また，この文章の直後に「糸車をまわ

して，糸をつむいでいました」という表現もがあるが，糸車がどのようなものであり，糸がどのようにして作られるのかを知っている子どもは少ないのが現実である。たとえ，「糸車」を知っている子どもであったとしても，それは図鑑などで見たことがあるという程度の理解で，実際に見たことがある子どもはいなかった。

　このように，(現代の) 小学校1年生の子どもたちには『たぬきの糸車』という話は，「わかりにくい」と感じる表現がたくさんある。そうなると，国語が苦手な子どもたちは内容を理解しようと思う気持ちが減退し，国語の授業に参加する意欲が薄れていってしまうことだろう。そのため授業者は，「糸車で糸をつむぐこと」を通して繰り広げられた，おかみさんとたぬきの心の交流を楽しく学習するために，「心情を吹き出しに表現する」ことや，「オリジナル台本を考える」といった授業を展開しようと考えた。

3．感情を投影することができる授業展開の工夫

　教科書に掲載されている『たぬきの糸車』の物語は，子どもの内容理解を深めるために，「山おくの　一けんや」や「おかみさんが糸車で糸をつむいでいるところをたぬきが障子から覗いている」場面にイラストが挿入されている。ただし，国語が苦手な子どもたちは，「『山おくの　一けんや』はどのような場所か，イラストを見ながら答えてごらん」と問いかけてみても，「周りに家がないところ」とか，「動物が出てきそう」というような，見てわかる表面的な答えしか思い浮かべることができず，イラストを見せるというだけでは話の内容を鮮明にイメージするのは難しかった。

　「おかみさんが糸車をまわして糸をつむいでいる姿を障子から覗いているたぬきの気持ち」の場面についても同様である。イラストを見れば，おかみさんとたぬきの位置関係や，たぬきが何をしているのかについては国語が苦手な子どもでもおおよそ理解できる（図4-1）。しかし，このお話で子どもたちに読み取らせたいことは，「障子から覗いているたぬき」を見て，「おかみさんがかわいいと思う」という点である。こうしたテキストの奥にある内容を読み取ることは，国語が苦手な子どもたちは特に難しかった。

　こうした理由から，このクラスでは，「障子から覗いているたぬき」の場面を子どもたちに演じさせ，物語の理解を深めようとしていた。このときのポイントは，たぬきの姿を横目で見たおかみさんが「かわいい」と思っていることを感じ取るこ

図4-1　障子から覗くたぬきのイラスト

とであるため，単に障子の向こうから覗くという動作化をするだけでなく，「二つの目玉も，くるりくるりと　まわりました」というところや，おかみさんと同じように「まねをする」姿をみんなで楽しく見ることを授業者は大切にしていた。

　さらに，この授業では，お話の中の重要な場面を取り上げ，子どもたちに色塗りをさせていた。「山おくの　一けんや」という場面を認識的・言語的に理解させるだけで良いのであれば，みんなでイラストを見て鑑賞すれば十分であり，けっして時間をかけて色塗りをさせる必要はない。しかし，教師は色塗りをさせることによって，さびしい情景をイメージさせることができると考えた。

　人間は「色」を見ると感情を誘発することがある（福田，2006，90）。たとえば，明るく清潔感のある空間にしたい場合には白を基調とした部屋を作ることが多いだろう（たとえば病院など）。このように考えると，国語の授業で色を塗るという活動は，文字と情景（感情的側面）を結びつけ，登場人物の心情を感じるきっかけとなると考えられる。筆者が参観した授業では，場面ごとに色塗りをしたものを画用紙に貼り付け，自分なりのイラスト集を作っていた。こうしたていねいな指導を通して，子どもたちは『たぬきの糸車』というお話のモチーフである「さびしい山おく」で繰り広げられた，「ほほえましい心の交流」を感じられるようになるのだと考える。

4．「おかみさん」の視点で考えられるようにする授業の工夫

　加えて，この授業では授業に参加している子どもたちが「おかみさん」の視点で

第Ⅰ部 「学ぶ」とはどういうことか？

図4-2　おかみさんとたぬきの関係を理解する授業の工夫

心情を考えられるように，「たぬき」と「おかみさん」のお面を用意して，お面をかぶった教師が台詞を言うという演出を考えた。

　研究授業の1週間前に学習指導案を検討するなかでは，一人の教師が「おかみさんのお面」と「たぬきのお面」を交互にかぶるよりも，黒板の両端に「おかみさんのお面」と「たぬきのお面」を貼り，どちらに注目すればよいかがわかるようにしたほうがよいのではないかという意見も出された（図4-2）。また，こうしたイラストはこの授業を通して同じところに掲示するほうがわかりやすいのではないかという意見や，どちらに注目すればよいかがわかるようにするために，おかみさんとたぬきの2つのイラストを黒板にはりつけた上で，注目しなくて良いほうにはカバーをかけてあえて隠してしまうという方法も良いのではないか等々，さまざまな意見が出された。

　以上のような授業づくりの工夫が必要な理由は，子どもたちのなかには文章を読むだけでは「見えない関係性」に注目することができない子どもたちがいるからであった。すなわち，今，どちらの視点から話されているのかがわからなければ，登場人物の心情を読みとることは難しい。そのため，お面を貼り付ける位置を調整するといった配慮はとても重要なことであろう。

　ただし，見てわかるように工夫するという点だけでなく，物語のなかで繰り広げられている「心の交流」を感じられるというように授業を展開することが大切である。この点について，実際にこの授業の担当者は，本時の授業の課題を子どもたちにどのように示すかをとても悩んでいた。すなわち，最初に学習指導案を検討した段階では，「おかみさんの気持ちがかわったところを見つけて，おかみさんの言葉

連続的に提示する吹き出し	一人の心情を全体的にとらえる吹き出し
「白い糸のたば」をみて、「あっとおどろきました」	「白い糸のたば」をみて、「あっとおどろきました」
「はあてふしぎな。どうしたこっちゃ。」	「はあてふしぎな。どうしたこっちゃ。」
「糸車の回る音が聞こえてきました」	「糸車の回る音が聞こえてきました」
「ちゃいろのしっぽがちらりとみえました」	「ちゃいろのしっぽがちらりとみえました」

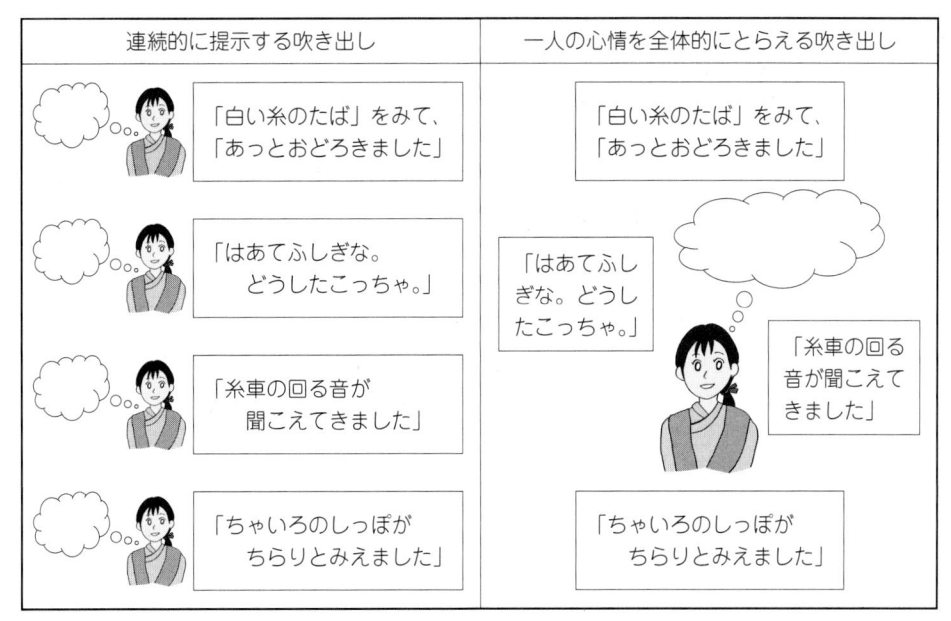

図4-3 吹き出しを使って心情を考えさせる2つの方法

をつけたそう」という表現を考えていたが，授業者はこの表現では今一つしっくりきていなかった。もっとシンプルに「たぬきを見たときのおかみさんの気持ちを考えてみよう」というように課題を提示したほうが良いのではないかなど，一字一句にこだわりをもって検討していた。学習指導案の検討に参加したメンバーからも，おかみさんの気持ちを読み取らせるのであれば「おかみさんの気持ちが変わっていった様子を考えよう」というように，気持ちの「変化」に着目させたほうが子どもたちの読みは深まっていくのではないかという意見も出された。

こうした課題提示の方法については，どれが正解というものがあるわけではない。すなわち「正しい物語の読み方」というものがあるのではなく，物語を読みながら，作者と読み手が物語世界を共有することができるように，国語の教師は一字一句ていねいに，時間をかけて吟味し，「問い」を提示しているのだと考える。

同様のことが，おかみさんの気持ちを吹き出しにして表現してみるといった学習でもいえる。当初，この授業の教師は，冬になり村へ下りたきこりの夫婦が，春になって山小屋に戻ってきたとき，おかみさんが「白い糸のたば」を見て「あっとおどろきました」という部分を取り上げ，おかみさんの気持ちを吹き出しにしてみようという学習活動を行おうと考えていた。続いて，「はあてふしぎな。どうしたこっちゃ。」という部分や，「糸車の回る音が聞こえてきました」「ちゃいろのしっぽがちらりとみえました」という部分など，授業では吹き出しになりそうな文を順

第Ⅰ部 「学ぶ」とはどういうことか？

番に取り上げ，子どもたちにおかみさんの気持ちを考えさせ，表現させようとした。

もちろん，こうした「部分」ごとにおかみさんの気持ちを表現しても，気持ちの変化は理解できるかもしれない。しかし，もともと感情というものは全体的なものであると考えるのであれば，これらの言葉が融合して一つの気持ちを考えるほうが表現しやすいと考えることもできる（図4-3）。

このように，何をどのように示し，問いかけるかによって，物語を読んで子どもがどのように心情を理解するかについても異なってくる。一字一句，あるいはプリントの構成の仕方といったほんの少しの示し方で理解が変わってくるのであれば，教師には教材を吟味し，どのように提示するかといった指導技術が求められる。

5．「たぬきの糸車」は恩返しのお話か？──多様な読みへといざなう授業づくり

最後に，登場人物の気持ちを考えるという点について，授業者から聞いた次のようなエピソードを紹介したい。このクラスでは，『たぬきの糸車』を最初の授業で通読したときに，「たぬきはわなから助けてくれたおかみさんに恩返しをするために，糸をつむいで置いていったのだろう」とつぶやく子どもがいたという。こうしたつぶやきが出る子どもは，「おかみさん」と「たぬき」の心情や関係性を考え，読み取っているのであり，ある意味で学力の高い子どもであると考えられる。

しかし，このお話を「鶴の恩返し」ならぬ，「たぬきの恩返し」として一面的に読むことは避けるべきであると考える。そもそも，たぬきはいたずら好きなのだから，「大好きなおかみさんを驚かせてやろう」という気持ちで，夫婦が家にいない間に忍び込み，糸をつむいだのかもしれない。あるいは，自分のことを「かわいい」と思ってくれるおかみさんの気持ちが嬉しくて，「ただ単におかみさんを喜ばせたかっただけ」で糸をつむいだのかもしれない。もっと単純に考えれば，「たぬきはただ糸車が面白くてやってみたかっただけ」なのかもしれない。

授業のなかで，たぬきはなぜ夫婦がいない冬の間に糸を紡いだのかを問いかけてみたら，以上のように，さまざまな意見が出されることが予想される。こうしたさまざまな意見について，「たぬきとおかみさんの関係性」をどのくらい意識しているかという視点で分析すると，「恩返し」→「いたずら」→「おかみさんを喜ばせる」→「ただ糸車が楽しいだけ」という順で徐々に「たぬき」だけの単純な視点で物語を読んでいると考えられる。すなわち，いわゆる「学力の高い子ども」ほど，作者や教師の意図まで想像し，「恩返し」という筋書きを想定して読むかもしれな

いが，国語が苦手な子どもはそこまで想像することが難しく，素朴に感じたことを述べることが精いっぱいであると考えられる。

しかし，だからといって，「ただ糸車が楽しいだけ」というような，たぬきの視点でしか考えられない子どもの感覚的な読みがあながち間違いであるとはいえないだろう。むしろ，こうした素朴な発想で物語を読み，感覚的に表現することは，学力の高い子どもには難しいかもしれない。もしそうだとしたら，学力の高い子どもたちの意見に加えて国語が苦手な子どものこうした「シンプルな読み」も一つの声として取り上げ，授業を展開することができるだろう[4]。

以上のように，物語を読んだうえで，感情を交えて対話し，そこで感じ取ったことを表現すると，今度はクラスの子どもたちの間で「意見の違い」が生じ，そこでまた交流が生み出される。こうした個人の感情から始め，「個人間で繰り広げられる」読みへと発展させていくことができれば，多くの子どもたちが，自分の読みとは異なるとらえ方にふれ，自分の意見と混濁させ，「従来の個人内の想像」を変更せざるを得なくなるだろう。

国語の授業において多様な読みへといざなう授業づくりとは，こうした意見の違いがあるということを前提にして，むしろ「人との差異」を称賛し，子どもたちの認識を変化させていくことを言うのではないだろうか。そして，こうした授業を通して自分と異なる他者の意見にふれ，自己を明確化させるきっかけとなるのであれば，国語で物語を読解するという授業は自他融合の状態から抜け出すのに必要な「想像力」の発達に大きく貢献すると考える。

中村はヴィゴツキーの「想像の発達」について論究するなかで，想像とは「イメージの自由な構成」であり，こうした力を育てるには「概念的思考の発達が不可欠である」と指摘している。ただし，「感情が媒介となってイメージとイメージを結合したり，組み合わせたりする」なかで，独自の法則が導かれるという側面もあり，情動がその結合を変化させていくものであるということも指摘している（中村，2010，28-29）[5]。

以上のような指摘をふまえると，教科書の物語を読んだあと，わかりやすく授業を展開するというような平坦で，表面的な「対話」を繰り返す授業ではなく，物語を読んでワクワクしたことやハラハラしたことを取り上げ，感じ方の異なる他者と読みを重ね合わせる授業こそが想像力を育てる国語の授業づくりであると考える。

注
1）1990年代以降，ヴィゴツキーの活動理論が注目されたこともあり，2000年以降もヴィゴツキーの

第Ⅰ部 「学ぶ」とはどういうことか？

理論を参考にして遊びが想像力の発達にとって重要であるという指摘は続いている（鹿嶋，2011，94など）。

2）ピアジェは幼児期の特徴として，自分の視点や経験に中心化してものごとをとらえ，他人の視点で見たり，考えることが難しいということがあると指摘した。こうした思考の特徴をピアジェは「自己中心性」と表現している（『発達心理学事典』ミネルヴァ書房，1995年版より）。

3）このクラスでは，『たぬきの糸車』の前に，『ずうっと，ずっと，大すきだよ』という作品も読み，登場人物の心情理解などの授業を行っていた。

4）秋田は，子どもの学ぶ意欲を育てるためには「多声的な参加構造」のある授業を創ることが重要であると述べている。この場合に，教師は，「『診断‐治療モデル』ではなく，『鑑賞‐表現モデル』で生徒個々とかかわること」が重要であると指摘している（秋田，2007，85-86）。

5）ヴィゴツキーは子どもに「生き生きとした表象を呼び起こしたいと思うなら，私たちはその表象を構成し得るあらゆる要素を，生徒の現実の経験の中に見出さねばなりません」と述べている。そうでなければ，単に諸要素を結びつけただけの認識となり，「砂上の楼閣を築く危険を冒すことになる」と考えている（ヴィゴツキー，2005，130）。

参考文献

秋田喜代美（2007）「学ぶ意欲を育てる教師の役割」．中谷素之編著『学ぶ意欲を育てる人間関係づくり―動機づけの教育心理学―』．金子書房，84-86.

大伴潔・大井学編著（2011）『特別支援教育における言語・コミュニケーション・読み書きに困難がある子どもの理解と支援』．学苑社.

鹿嶋桃子（2011）「子どもの遊びと発達」．茂呂雄二・田島充士・城間祥子編著『社会と文化の心理学―ヴィゴツキーに学ぶ―』．世界思想社，93-105.

国立特別支援教育総合研究所（2004）『自閉症教育実践ガイドブック―今の充実と明日への展望―』．ジアース教育新社.

小林隆児（2008）『よくわかる自閉症』．法研.

白石正久（2007）『自閉症児の世界をひろげる発達的理解―乳幼児期から青年・成人期までの生活と教育―』．かもがわ出版.

高橋たまき（1993）『子どものふり遊びの世界―現実世界と想像世界の発達―』．ブレーン出版.

中村和夫（2010）『ヴィゴツキーに学ぶ―子どもの想像と人格の発達―』．福村出版.

浜田寿美男（1992）『「私」というもののなりたち』．ミネルヴァ書房.

ヴィゴツキー／柴田義松・宮坂琇子訳（2005）『ヴィゴツキー―教育心理学講義―』．新読書社.

福田正治（2006）『感じる情動・学ぶ感情―感情学序説―』．ナカニシヤ出版.

湯澤美紀・河村暁・湯澤正通（2013）『ワーキングメモリと特別な支援――人ひとりの学習のニーズに応える―』．北王路書房.

Hobson, P. (1993) *Autism and the Development of Mind*. Psychology Press.（木下孝司監訳（2000）『自閉症と心の発達―「心の理論」を超えて―』．学苑社.）

Mesibov, G. and Howley, M. (2003) *Accessing the Curriculum for Pupils with Autistic Spectrum Disorders; Using the TEACCH Programme to Help Inclusion*. David Fulton Publishers.（井深允子ほか訳（2006）『自閉症とインクルージョン教育の実践』．岩崎学術出版社.）

Singer, D.G. and Singer, J.L. (1990) *The House of Make-Believe*. Harverd University Press.（高橋た

まき・無藤隆・戸田須恵子・新谷和代訳（1997）『遊びがひらく想像力　創造的人間への道筋』．新曜社．）

Wing, L. (1996) *The Autistic Spectrum ; a guide for parents and professionals*. Constable and Company Limited.（久保紘章・佐々木正美・清水康夫監訳（1998）『自閉症スペクトル―親と専門家のためのガイドブック―』．東京書籍．）

第Ⅱ部
「教える」とはどういうことか？
―― インクルーシブ授業の指導性 ――

　21世紀の学習は，教師が子どもに一方的に「教える」のではなく，子どもが気付き，自ら課題を解決することが重要であると考えられている。しかし，これは教師が「教えない」ということではない。それでは，学習困難児が参加できる教科指導を展開するためには，教師はどのような工夫や働きかけをすることが求められるのだろうか。

　第Ⅱ部では，学習困難児が他者や教材とつながりながら学習に参加できるインクルーシブ授業の方法について，「教師の指導性」という視点から検討したい。

第5章 「わかる」を重層的にとらえる国語の授業づくり

観察日：2013年2月
場　所：茨城県内C小学校6年生
授　業：国語「海のいのち」

1．ユニバーサルデザインの国語の授業づくりに対する批判的検討

　第Ⅰ部では，学習困難児を含めたクラスでインクルーシブ授業を展開するには，学習を認知的なものとしてだけでなく，感覚や身体を通して「わかる」ことや，社会・文化的活動のなかで学習することが重要であるということを指摘した。第Ⅱ部においては，こうした学習を展開するために，教師はどのような指導性を発揮して授業づくりをすることが求められるのかについて，特別支援教育やユニバーサルデザインの授業づくりと対比しながら検討したい。

　これまで，特別支援教育では，発達障害児等の障害特性（特に認知特性）をふまえた教科指導の方法がたくさん提案されてきた。たとえば，行の読み飛ばしがとても多い学習障害児に対しては，注意力が弱いことが原因として考えられるので，行間に定規を当てながら読むことで少しでも読み飛ばしを少なくするといった支援方法が提案されている（竹田ほか，1997，70-71；太田ほか，2000，76-77）。また，文章読解が苦手な子どもは，手がかりとなる単語を意識させて読解させると良いといった指導方法も紹介されてきた（熊谷ほか，2000，42-43）。これらはどちらも，発達障害研究の知見が応用された認知的な支援方法であるといえるだろう。

　こうした発達障害児[1]に対する支援は，近年，「ユニバーサルデザインの授業」として，通常の学級の授業展開にも応用され，各地で広がりを見せている。たとえば，ユニバーサルデザイン授業研究会では，国語の授業で物語を読む指導をする際に，「本文を読む」「動作化」「話し合い」「まとめ」という流れをパターン化して授業をわかりやすくする工夫をしている。また，文章の「どこに着目させるか（焦点化）」や，わかりにくい文章のときにはイラストなどを用いて「見てわかるように工夫すること（視覚化）」，「全員で共通した解き方を用いること（共有化）」で，す

第5章 「わかる」を重層的にとらえる国語の授業づくり

表5-1 ユニバーサルデザインの国語の授業の特徴

焦点化	「答えを出す」という目的に向かって授業をシンプルにする
視覚化	板書を見たり，ヒントとなる身振りや手振りを見て考える
共有化	（答えの導き方など）言葉への着目の仕方を共有する

出典：桂, 2010a, 98を筆者がまとめた

べての子どもが「できる・わかる」授業を展開できると考えている（表5-1）。

もちろん，発達障害児などの学習上の困難を伴う子どもたちが，こうした認知的な支援に支えられて，楽しく学習に参加でき，「わかった！ できた！」と感じられるのであれば，そうした方法を用いることに異論はない。さらには，こうした授業改善の努力が伝統的かつ画一的な読み中心の国語指導から脱却する契機になるというのであれば，むしろ推奨されるべき取り組みであると考えている。

その一方で，ユニバーサルデザインの授業づくりの目的が「答えにたどり着くための方法を教える」ということに矮小化されてしまうのであれば，そうした授業づくりに違和感を覚えるのは筆者だけではないだろう。たしかに，学習困難児は，「教師の問い」に対して「答えられるように支援する」ことで，国語の授業が楽しくなることがあるかもしれない。また，解き方を教わり，それに従って答えているうちに国語の内容が「わかってくる」という面があることも否定しない。

しかし，一人ひとり異なる「わかり方」や「考え方」を十分に考慮せずに，答えられるようにするという目的で，子どもたちに与える情報や刺激をシンプルにしたり，見てわかるように工夫することだけを強調する実践になってしまったら，授業で追究すべき大切なことをそぎ落としてしまっているといわざるを得ないだろう。

2．言語的・認識的に考え，答える授業から脱却する

もう少し，具体的に授業場面を取り上げながら，ユニバーサルデザインの国語の授業づくりの特徴についてみていこう。

ユニバーサルデザインの国語の授業では，「読みを深める」ということは，「関連付けることができる」ことだと考えている。たとえば，『海のいのち』という作品では，「太一は意識的に瀬の主を父だと思っているのです。この言葉に着目して読むことで，読みを深めることができると期待できます」と解説されている（桂,

2010b, 60)。しかし，これは教科書の内容を「教師がこのように読ませたい」という思いであって，教室にいるすべての子どもがこのように読まなければならないということにはならないのではないか。

　もちろん，主人公の太一は瀬の主（巨大な魚・クエ）を「父」と重ね合わせていると読むことはできる。しかし，そこにたどり着くまでの道筋やそのように「読む」理由は，人によってさまざまであり，「本文の〜に着目すればわかる」といった単純なものではないはずである。たとえば，太一が海のなかで対峙している「巨大な魚・クエ」のイメージを子どもたちに表現させると，「雄大に海を泳ぐクエの姿が父と重なる」という子どももいれば，「自分が尊敬する父をも倒した憎き魚が海をわが物のように支配している」というイメージを抱く子どももいるだろう。

　一方で，学習困難のある子どもは，上記のように言語的・認識的に答えることは難しく，クエという魚を「なんて大きな魚だ！」と感じることが精いっぱいであるかもしれない。しかし，そのように感じることは，海の雄大さや命という尊大なものと何となく重ね合わせて読んでいるととらえることもできる。こうした「感じ方」を含めて物語を読むのだとしたら，文章のどこに着目させるかといった「読み方」を教えるのではなく，クエのイメージが現前するように工夫することが大切であるだろう。

　ここで，ていねいに議論しなければならないことは，発達障害児などの学習上の困難を伴う子どもたちは，自力で「読みを深める」ことは苦手であることが多く，何らかの支援や配慮を要する子どもたちであるという点である[2]。そうした子どもたちには認識力や言語力を駆使して「巨大な魚・クエ」と「父」との関係を想像し，友だちと語り合うということは，確かに難しい学習課題である。そうしたことから授業についていけなくなり，国語が嫌いにならないように，ユニバーサルデザインの国語の授業では，「焦点化」「視覚化」「共有化」をキーワードにして，すべての子どもが「できる・わかる」といった状態を作り出そうとしているのだと考える。

　しかし，果たしてユニバーサルデザインの国語の授業のように指導すれば，学習困難を伴う子どもたちは文学作品の内容を鮮明に想像することができるようになるのだろうか。第4章で指摘したように，想像力というものは感情との結びつきが強いという点をふまえると，もっと身体的あるいは感覚的に「わかる」という側面を大切にして，『海のいのち』という作品を読み，物語の醍醐味を味わう展開が必要なのではないだろうか。

3．物語を実感するために「視覚化」や「動作化」を用いる

　それでは，筆者が参観したC小学校の『海のいのち』の授業を例に挙げ，ユニバーサルデザインの授業を超える方法について検討したい。この授業では，『海のいのち』に登場する「巨大な魚・クエ」のイラストを教室に常に掲示していた（視覚化）。また，教師は物語の読解を進める過程で，教室を海に見立てて，主人公・太一がモリを持って巨大な魚・クエと対峙する場面を授業者が動作にして再現していた（動作化）。

　こうした視覚化や動作化は，読者である教室の子どもたちが，物語の世界に入り込んで「主人公の気持ちになりきる」ために授業者が意図的に行っていたことであった。つまり，物語という虚構の世界をできる限り「実感」できるように，臨場感のある教室空間を生み出そうと考えた演出であった。授業者は，こうした状況を作り出し，「主人公の太一はなぜクエを刺さなかったのか？」と子どもたちに問いかけた（図5-1）。この問いは，子どもたちに向かってモリを頭の上からふり下ろそうとする演技（動作）とともに投げかけられた。そのときの教師の姿は主人公・太一になりきっていて，子どもたちだけでなく，教室の周辺にいた参観者たちでさえも，迫力ある演技に引き込まれ，知らず知らずのうちに，あたかもそこに太一とクエがいるような感覚になっていた。

図5-1　迫真の演技を見せる教師

こうした虚構の世界に読者を引き込む工夫（演出）のある授業であれば，言語で想像することが苦手な学習困難児でも，「感じること」は多くあり，まわりの友達につられて太一の気持ちをつぶやいていた。もちろん，学習困難児の答えは，たとえば，「クエを殺さなかったのは，おだやかな目をしていたからだ」というように教科書の一節を取り上げて発言することが精いっぱいのものであった。しかし，授業者は，学習困難児のこうした発言を聞いて「あの子はめずらしく自分の意見を言おうとしていた」と振り返っていた。

授業者の解釈では，おそらくこうした発言をした子どもは，教室に演出された空間や，迫力ある演技に引き込まれ，「その子なりに感じたこと」を何とか表現したいと思ったが，認知面でうまく表現することができないので，自分の気持ちに一番近い文章を教科書から拾い上げたのではないかというものであった。授業者は，そうした子どもの気持ちをくみ取って，「授業の終了時間が迫っていたのはわかっていたけれども，あそこで手を挙げているあの子に何としても発表させたかった」と思い，授業終了時刻の直前に指名して発表させていた。そして，「授業後にあの子は満足そうな表情をしていた」と振り返っていた。

もちろん，ユニバーサルデザインの授業づくりにおいても，子どもたちに動作化をさせる過程で，自然と物語世界の中に入り込み，そのなかで主人公の気持ちと同化して，心情を「実感」しているかもしれない。そのため，研究授業について現場の教師たちが語り合う場面では，「国語で物語を読んで理解を深めるのに動作化は効果がある」というまとめでよいかもしれない。しかし，学習上の困難を伴う子どもに対する教科指導の方法を理論的に検討する際には，物語の内容を理解するために，視覚化や動作化を取り入れるといった認知的支援が有効であるという結論と，教師の演技を見て子どもたちが物語世界に入り込み，主人公の気持ちと同化することで読みが深まるという結論では，実践的意味は大きく異なると考える。

4．「読みを共有する」授業の方法

通常の学級で国語の授業を参観すると，「一人読み」から始まり，その後，読んだ文章について小グループで話し合い，最後に自分なりの「読み」をみんなの前で発表するという授業展開をよく見かける。これまで対比的に取り上げてきたユニバーサルデザインの国語の授業においても，「読み」を進めていくときには，こうした授業展開を基本としている（図5-2）。

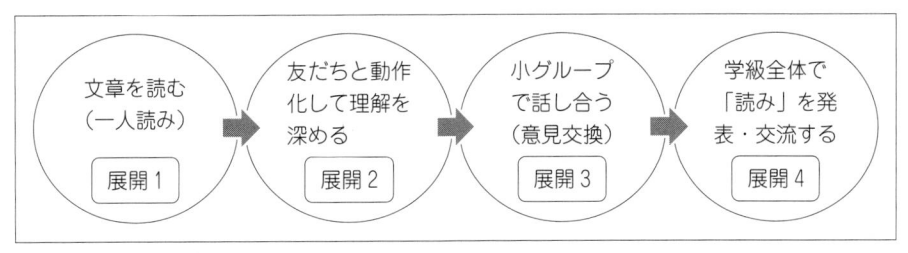

第5章 「わかる」を重層的にとらえる国語の授業づくり

図5-2　国語の「読み」の授業の展開例
出典：授業のユニバーサルデザイン研究会（2010）10-13. を筆者がまとめた。

　しかし，学習上の困難を伴う子どもは，［展開1］の「一人読み」のところからつまずいている子どもが多い。少し極端な言い方をすれば，こうした子どもたちは「一人読み」ができないから学習上の困難が生じているのであり，特別な配慮や工夫がない限り，その後の授業についていけなくなってしまうのである。

　もちろん，［展開1］の一人読みでは理解できなかったとしても，友だちと動作化したり（［展開2］），小グループで話し合う（［展開3］）などを通して，「一人読み」で読み切れなかった点に気づくということはあるかもしれない。しかし，［展開2］以降は「一人読みを通して考えたこと」が前提になっているのだとしたら，やはり，学習困難児は積極的に授業に参加したり，意見を述べられるような状況にはなりにくいだろう。

　さらに，字句レベルで何を言っているのかわかっても，他者との交流のなかで自らの「読み」を深めていくことができない子どももいる。そうした子どもに対しては，「文章のどこに着目するか」や「イメージを喚起するイラストを使用する」などといった焦点化や視覚化だけでは「読み」は深まっていかない。ましてや，みんなで共通した方法で読むといった平準化された学習の進め方（ユニバーサルデザインではこれを「共有化」と呼んでいる）では，字句レベルで理解した内容を実感し，それぞれの子どもの想像の世界を広げたり，深めたりすることにはつながらないだろう。

　そもそも，小グループでの話し合いや学級全体で自分の「読み」を発表する学習活動は，他者と交流するなかで読んだ内容を広げたり，深めたりすることが目的の一つである。トマセロ（Tomasello, M.）は，「幼い子供は，さまざまな複雑な社会的やりとりの中で，新しい単語を学ぶ」と述べているが（Tomasello, M., 1999＝2006, 151），こうした指摘をふまえると，言語というものは「社会的やりとり」を通して習得するものであり，豊かな社会的やりとりこそが言語習得にとって重要であると考える。

77

特に，学習困難児は，学年相応の言語力が身についていないことが多く，言語的・認識的なレベルで話し合いが進行してしまうと，読んだ文章のイメージを自ら広げていくことが難しくなる。そのため，そうした子どもたちには，もっと感覚的・身体的な参加の方法を取り入れ，社会的やりとりを促進していく必要があるのではないか。

以上のような点に関連して，『海のいのち』の研究授業を行ったC小学校の教師は，学級全体で「読み」を共有する場面で，「相づち」を大切にして国語の授業を進めていた。具体的には，小グループでの話し合い活動や全体発表の場で友だちが「読んで感じたこと」を述べているときに，自分とは違う気持ちや意見がでたら「へぇ」とか，「えっ？」「あぁ」などといった反応（相づち）を口にすることを奨励していた。

もちろん，「誰かが意見を述べたら，相づちをうちなさい」というような指導ではなく，子どもたちが他人の意見を聞いたときに自然と「あぁ」などと相づちをうった児童に対して，「今の～さんの応答はすごくいいね」というように賞賛していた。こうした他人の意見に対して感覚的・身体的に応答することを奨励しているうちに，このクラスでは，誰かが意見を述べると，多くの子どもが「へぇ」「えっ？」「あぁ」など，自然な形で「相づち」が出るようになっていた。

もともと，この学校では「伝え合い，関わり合う児童」を育てるために，Q-Uテストによる学級の実態把握を行ったり，学級活動などの時間を使ってアサーショントレーニングの学習を行い，子どものコミュニケーション能力の育成に力を入れていた。そのため，学級全体で相互に認め合い，励まし合う雰囲気が形成されていたことは指摘しておかなければならないだろう。

藤江らの研究では，相づちのような「声」は「発話する主体の人格や意識を指している」だけでなく，「発話相手（聞き手）や場面の，集団としての意志や志向」までも反映しており，「その点で教室は『対話的空間』である」と指摘している（藤江，2010，61）。近年では，こうした「社会的結びつき」があり，「互いの努力を励まし，支え合う」教室を「学習コミュニティ」と呼び，協同的な学習を成立させる重要な要件として考えられている（Brophy, J., 2004＝2011, 30-31）。また，人に見られたり，人からの評判に影響を受け，利他的な行動が出現するといった研究もさかんに行われており，人は他者との関係性のなかで育つことが広く認識されている（串崎，2013）。

こうした指摘をふまえると，学習困難を伴う子どもたちに対する国語の授業においても，他者からの影響を最大限に活用しながら進めていくことが重要であると考

える。すなわち，彼らは国語のテキストを一人読みしたときに，言語的・認識的な
レベルで理解することに大きな困難があるかもしれないが，他者からの相づちや，
肯定的な評価を受けながら，感覚的・身体的な交流を通して「読み」を深めていく
ことができるのだと考える。

　これは，一人読みをすることが大切だとか，小グループで話し合い，発表させる
ことが大切だといった形式的な授業展開に関する議論ではない。そうではなく，感
覚的・身体的なレベルで，「自分の読み方は他人とだいたい同じであったかな」と
か，「これは自分だけの感じ方だったかな」というように，自分の「読み」をその
子なりに感じ，他者と相対化しながら理解していく過程が重要であるということで
ある。秋田は読みの発展を支えているものに，「読解のおもしろさ」という情動が
関係していることを指摘しているが（秋田, 2001, 80），こうした点からも，言語
的・認識的に困難を抱える学習困難児が，物語を読んで面白いと感じ，そのことに
ついての社会的やりとりを形成することが重要であり，こうした豊かな対話空間で
読みが深まっていく過程こそ「読みの共有化」であるといえるのではないだろうか。

5．個に閉じられた「わかる」から抜け出し，感じたことを他者と共有する

　本章では，『海のいのち』の国語の授業を取り上げ，学習困難を伴う子どもの読
みが深まる過程について検討してきた。このなかで，常に議論の対象となっていた
のは「わかる」ということを重層的にとらえる必要性であった。すなわち，学習困
難のある子どもの教科指導においては，ユニバーサルデザインの授業のような字句
レベル（あるいは言語的・認識的レベル）で「わかる」ように支援することのみなら
ず，意味レベル（あるいは感覚的・身体的レベル）で指導することが重要であると考
える[3]。

　もちろん，学習困難を伴う子どもたちは，字句レベル（言語的・認識的レベル）で
理解できないことが教科学習のなかでは多くあるので，難しい漢字にはふりがなを
ふることや，抽象的な表現の多い文章や難解な文章にはイラストで理解を補助する
といった支援があってもよい。しかし，こうした認知的支援（焦点化・視覚化・動作
化）により読みの困難を「補う」ことが重要なのではなく，感じたことを他者と交
流しながら共通の「了解（共有）」を広げていくことこそが，読みを深めていくた
めに不可欠であるということを本章の授業エピソードは示唆していると考える。

　ここで付言しておきたいことは，ユニバーサルデザインの授業づくりで重視され

第Ⅱ部　「教える」とはどういうことか？

ている「視覚化」や「動作化」をいっさい否定しているわけではないということである。本章では，「視覚化」や「動作化」を単なる「見る」や「動く」といった個に閉じられた認知的・行動的なものとしてとらえるのではなく，見たり，動作したりすることが感覚や身体と結びつき，それを他者との社会的やりとりに発展させ，その子どもなりの表現を引き出すことができるのではないかということを指摘しているのである[4]。このように考えると，学習困難児を含めたクラスでは，感覚的・身体的なつぶやきやしぐさをうまく拾いながら，他の子どもの考えと「つなぐ」ことが教科学習を成立させる鍵であると考える。

　　【付記】本章は新井英靖（2013）「発達障害児などの学習困難児に対する教科指導の方法論」．日本教育方法学会編『教育方法42　教師の専門的力量と教育実践の課題』（図書文化社），56-67. をもとに本書の主旨に沿って大幅に書き換えたものである。

注
1) 本書では知的障害のない発達障害児を想定している。インクルーシブな社会づくりにおいては，知的障害があったり，身体的に重度の障害のある子どもについても，通常の学級で受け入れられるように授業を改善していかなければならないが，そうした子どもたちへの教科指導の方法論については本書とは別の論理構成が必要であると考え，想定から外した。
2) 「読み」に関する障害は，ディスレクシア（Dyslexia）と呼ばれ，この症状の中核に「読みの速度が遅いこと」が挙げられている。ディスレクシアに関する研究では，読字の遅さの主たる原因として，文字を見て音に変換する「デコーディング（decoding）」の遅さであると考えられており，特別支援教育の研究では，音韻意識の問題として取り上げられることが多い（石坂，2011，405など）。
3) ユニバーサルデザインの授業づくりにおいても，音楽科の授業を紹介する中では，「わかる」には「頭で考えてわかる」という論理的な理解だけでなく，「心や体で感じてわかる」ことも含まれると指摘されている。そして，「心や体で感じる」ためには「身体性」が鍵となると指摘されている（高倉，2012，64-65）。
4) 進化心理学の分野では，言葉の起源はジェスチャーで，それにうなり声や叫び声で抑揚をつけていたと考えられている。人間の言葉の発達においても，自然発生的に指さしが出たり，身振りで表現するなど，社会的側面の重要性が指摘されている（Corballis, M.C., 2002=2008, 317-318）。

参考文献
秋田喜代美（2001）「読解過程における情動と動機」．大村彰道監修・秋田喜代美・久野雅樹編著『文章理解の心理学　認知，発達，教育の広がりの中で』．北大路書房．80-89.
石坂郁代（2011）「発達性読字障害の評価と指導の現状と課題」．『特殊教育学研究』第49巻第4号，405-414.
太田信子・西岡有香・田畑友子（2000）『LD児サポートプログラム—LD児はどこでつまずくのか，どう教えるのか—』．日本文化科学社．

桂聖（2010a）「国語授業における楽しさとは何か」．授業のユニバーサルデザイン研究会編『授業のユニバーサルデザイン Vol. 1』．東洋館出版，98．

桂聖（2010b）「ユニバーサルデザインを取り入れた国語授業　実践発表2　解説」．授業のユニバーサルデザイン研究会編『授業のユニバーサルデザイン Vol. 2』．東洋館出版，60．

串崎真志，2013，『協力する心の科学』．風間書房．

熊谷恵子・青山真二（2000）『長所活用型指導で子どもが変わる　Part. 2　国語・算数・遊び・日常生活のつまずきの指導』．図書文化社．

授業のユニバーサルデザイン研究会（2010）『授業のユニバーサルデザイン Vol. 1』．東洋館出版，10-13．

高倉弘光（2012）「『身体性』に音楽科授業ユニバーサルデザイン化の鍵がある！」．授業のユニバーサルデザイン研究会編『授業のユニバーサルデザイン Vol. 5』．東洋館出版，64-65．

竹田契一・里見恵子・西岡有香（1997）『LD児の言語・コミュニケーション障害の理解と指導』．日本文化科学社．

藤江康彦（2010）「民主的な対話空間づくり―多声的対話空間と参加構造」．秋田喜代美編著『教師の言葉とコミュニケーション―教室の言葉から授業の質を高めるために―』．教育開発研究所，60-63．

Brophy, J. (2004) *Motivating Students to Learn* (2nd ed.). Lawrence Erlbaum Associates, Inc.（中谷素之監訳（2011）『やる気を引き出す教師―学習動機づけの心理学―』．金子書房．）

Corballis, M. C. (2002) *From Hand to Mouth*. Princeton University Press.（大久保街亜訳（2008）『言葉は身振りから進化した―進化心理学が探る言語の起源―』．勁草書房．）

Tomasello, M. (1999) *The Cultural Origins of Human Cognition*. Harvard University Press.（大西壽夫・中澤恒子・西村義樹・本多啓（2006）『心とことばの起源を探る―文化と認知―』勁草書房．）

第6章　国語の授業を「文化的実践」として
　　　　とらえなおす

1．「文化的実践」のなかで社会的想像力を育てる

　前章では，学習困難児の読みを深めていくためには，単に認知的に「わかる」ことだけではなく，感覚的・身体的に他者と「交流」し，集団のなかで「わかる」ように授業を展開することが重要であると指摘した。これは，「わかる」という状態を認知か感覚かという二分法的にとらえるのではなく，両者は境界があいまいな重層的なものであり，他者の考えや気持ちと重ね合わせることで社会的な「想像力」へと広げていくことができるという意味である[1]。

　このように考えると，他者との交流や教材・課題に対する感情的側面に影響を与える「教室（授業の場）の雰囲気」や，その場にいる子どもたちの「態度」は授業理解（教材世界を他者と共有しながら想像すること）に大きく影響する。この点に関して，ヴィゴツキーの研究をすすめてきた高取が，「権威主義的談話は…，聴き手が自主的・創造的に考えることを禁ずる」ものとなる一方で，「内的説得的な談話は話し手のメッセージを受容する過程で，聴き手はそのメッセージに働きかけ，分析・総合し再構成する」と指摘している（高取, 1994, 137-138）。

　こうした「教室（場）の雰囲気」や話し手・聴き手の「態度」の重要性については，ユニバーサルデザインの授業づくりのなかでも指摘されている。たとえば，漆澤は教師が「うなずいたり，目を合わせたり」することで，その子どもとの気持ちの交流を図ったり，授業に集中できると指摘している（漆澤, 2011）。ただし，漆澤は，こうした雰囲気をつくることの意味を「子どもたちが失敗をして注意されるのではないかと不安になったり迷ったりしない，安心して行動できる手がかり」と考えている（漆澤, 2014, 46）。

　そして，こうした安心できる学級であれば，学習の意味を説明しても子どもが

「納得できない」ときに,「先生がそう言うならそれが正しいんだ」「先生がそう言うならそうしよう」という気持ちになり,「信頼関係」へとつながると指摘されている(漆澤,2014,47)。このように,ユニバーサルデザインの実践では,安心できる場の雰囲気や他者の受容的な態度が,学習や行動の「手がかり」または「学級のルールの指標」と考えられており,学習を進めていくための「動機づけ(入り口)」に関する議論となっている。

　しかし本書では,学習課題や教材に含まれる社会・文化的な側面を重視する立場で論じてきた。こうした視点から,「場の雰囲気」や話し手・聴き手の「態度」について考えると,授業の雰囲気や態度は単に安心して学習に取り組めるという意味にとどまるものではなく,学習内容の理解を促進するコミュニティや社会的空間の形成に貢献するものであり,社会的な想像力を引き出す源泉であると考えられる。

　以上のような,他者との交流を通して学習内容を拡張し,深めていくことを文化的発達と呼ぶ(佐伯,1995,201-202；石黒,2010,118；神谷,2010,96-97)。山住は,個人知や学校知を超えた学習へと広げていくために,教室を「社会的コミュニケーション空間」とすることが必要であると指摘しているが(山住,1998,90),これは,授業を「集団や組織やコミュニティ自身による協働的な活動の発達・成長のシステムとサイクル」というように動的にとらえる考え方である(山住,2004,78)[2]。本章では,授業というものを子どもの学びが拡張していくダイナミックな営み(=文化的実践)であるととらえ,子どもたちが社会的想像力を広げていく授業展開について検討したいと考える。

2. 学びのカリキュラムを創出する「かっとばす」体験

> 観察日：2013年6月
> 場　所：茨城県内C小学校3年生
> 授　業：国語「海をかっとばせ」

　ここでは,小学校3年生の国語の授業(『海をかっとばせ』の読解)を例にして検討する。この学校の子どもたちは学力の低い子どもが多く,授業を工夫しなければ文章の内容を理解することが難しい子どもが多かった。そのため,研究授業前に行われた学習指導案の検討会では,そもそも授業の主題である「かっとばせ」という

第Ⅱ部 「教える」とはどういうことか？

図6-1 校庭でかっとばす体験をする

意味を子どもたちはどのくらい理解できているのか，という意見が出された。

検討会では，こうした意見に呼応して，「最近の子どもたちは野球をあまり経験していないし，家で野球のテレビも見ていない子が多い」という意見や，「言葉だけで『かっとばせ』の意味を理解させることは学力的に難しい子どもが多い」という意見が出された。そこで，「時間的に余裕があるのなら，実際に校庭でボールを打って『かっとばす』様子を見たり，体験したほうがよい」のではないかと話し合われた。

こうした学習指導案の検討を経たあと，学校ではどこかの時間で「かっとばす体験」ができないか模索した。ただし，現実的には国語の授業の時間を割いて「かっとばす体験」をすることは難しかった。一方，学級活動の時間にたまたま1時間ほど余裕ができたので，学級活動の時間を使ってみんなで校庭に出て，バットを振り，ボールを「かっとばす」体験をした。

このとき，たまたま空き時間であった先生のなかに，野球経験のある先生がいたので，このクラスの子どもたちの前でボールを打って遠くまでかっとばしてもらった。すると子どもたちは，その教師が遠くまでボールを飛ばした時に，「わー」という歓声を上げながらその様子を夢中になって見ていたという（図6-1）。

こうした体験をしたうえで，国語の授業を進めたので，物語を読んで主人公の気持ちになって考えることが比較的容易になった。もちろん，すべての授業でこうした経験ができるわけではないが，学級活動などにも学習を広げていくことで，より多くの子どもたちが国語の授業（『海をかっとばせ』）のなかに参加できるようになるのであれば，この体験はとても有意義な時間であったと考える。

このように，基本的には国語を担当している教師が国語の指導にあたるのだとし

ても，複数の教師がアイデアを出し合い，必要ならば授業担当者以外の教師も参加し，子どもたちとさまざまな体験をすることが子どもたちの授業内容の理解を深めることがある。これは，「国語」単独で授業内容を理解させるということを超えて，学校の教育活動全体でさまざまな「活動のつながり」を生み出していった実践であり，子どもの学びの過程＝カリキュラムを創出する実践であったといえるのではないだろうか。

　そして，この学校で行われた「かっとばす体験」は，ユニバーサルデザインの授業づくりのなかで推奨されてきた「動作化」（＝実際に体を動かしてやってみること）の意味を問い直すものである。すなわち，ユニバーサルデザインの授業づくりの中でも『海をかっとばせ』の授業が紹介されているが，そこでは，物語の主人公の気持ちをより理解するために「波打ち際の動画を見せ，その映像に向かってみんなで数回素振りをする」という「動作化」をさせていた（桂，2013，42）。

　しかし，C小学校で行った「かっとばす」体験は，認知的な理解を促すために動作化をさせるというものではなく，ボールを打った時の音や放物線を描いて遠くにボールが飛んで行く様子をみて，「かっとばす」ことを実感するというものであった。つまり，校庭でボールをかっとばしたときにクラス全体が感じた「わー，すごい！」という感情をベースにして，『海をかっとばせ』という作品を読んだ時に，多くの子どもが主人公の気持ちとシンクロしやすくなるという意味があるのではないかと考える。

　以上のように，校庭に出て「かっとばす」という体験をするということは，国語の文章を字句的に理解するための単なる「動作化」ではなく，集団での活動を通して「より広い社会的関係性の文脈に位置づけて，…価値づけ」なおすという，一種の「文化的実践」であると言うことができる（佐伯，1995，147-148）。石橋はある国語の授業を取り上げながら，インクルーシブ授業を創造するためには，「学びのプロセス」を大切にし，価値ある課題のなかで，他者へと学びが開かれるようにカリキュラムを開発することが必要であると論じているが（石橋，2015，45-46），C小学校のかっとばす「体験」は，『海をかっとばせ』という文学作品を集団で読み進めていくために重要な学びの過程であったと考える。

3．イラスト（視覚化）から得られる多義的な「印象」の重要性

　C小学校では「かっとばす体験」をしたあと，国語の授業で『海をかっとばせ』

第Ⅱ部 「教える」とはどういうことか？

図6-2 物語の流れをイラストにして掲示する

を読み進めていったが，子どもたちが物語の内容や主人公の気持ちの変化を理解できるように，図6-2のように大きく場面を4つに区切り，それぞれのシーンで見せた主人公の表情などを貼りだし，「物語の流れ」がわかるように工夫していた（図6-2）。

　ユニバーサルデザインの授業づくりでいえば，こうした工夫は「視覚化」といえるだろう。「視覚化」とは「連続する文字情報を記憶しておくことが苦手な子ども」に対して，「情報を整理する」ことで興味を持続させたり，内容を理解できるようにする効果があると考えられている（阿部，2014, 30)[3]。たしかに，文字は高度に抽象化された記号であるので，学習困難の大きい子どもほどそうした情報が連続して示されるとイメージしにくくなったり，記憶していられなくなる。そのため，学習困難児にとっては，物語の展開を忘れないように「消えゆく情報をピンで止める」というような役割を果たす「視覚化」は有効な手段の一つとなるだろう。

　ただし，筆者には，C小学校の『海をかっとばせ』の授業を参観して，イラストを教室に貼って授業を進めることの意味が，「消えゆく情報をピンで止める」というだけではないように思われた。すなわち，こうした認知的整理をするだけならば，「何が書かれていたかがわかる（思い出せる）」といった表層レベルの理解を促すにすぎないが，「視覚」を単に生理機能としての「見る」という役割にとどめず，もっと知的直観や身体感覚を伴う精神へと二次的に広がっていくものととらえることはできないだろうか[4]。

　國分は想像力と結びつく認識過程には，「注意深い再認」や「注意深い再認の失敗」が必要であると考えている（國分，2013, 111-112)。つまり，時には自分の見方が誤っていたということに気付くなども含め，他者と交流しながら「様々な回路を通過」させることが，直感や印象と結合し，新しい想像力へと発展させる契機とな

ると考える。こうした知見をふまえると，物語のイラストを見ることも，単に記憶にとどめるという意味として狭くとらえるのではなく，ハラハラしたり，ワクワクしたりする回路を通過しながら，物語世界に深く入り込むための契機となるといえるのではないだろうか。

4．文化的実践のなかで学びを共有化する

　最後に，『海をかっ飛ばせ』という教材について，社会・文化的な視点からさらに考えてみたい。この教材はジェンダーの視点から考えると，登場人物が男の子しか出てこない物語で，かつ，女の子の多くが経験していないスポーツである野球をモチーフにした物話である。これは女の子には理解しにくい作品であり，内容理解に男女差が生じる可能性がある教材であると考えられる。そのため，この教材を取り扱う際には，野球に興味のない女の子を含めて「すべての子ども」が十分に理解できるように，授業展開を考慮することが必要である。

　一般的には，女の子よりも男の子のほうが学習困難のある子どもは多く，特に，読解力についてはその差が顕著であると指摘されている（多賀，2012，61-62）。そうした中で，男の子が国語の時間に『海をかっ飛ばせ』という作品と出会うことで少しでも物語の内容に興味をもち，学習に参加できるようになるとしたら，この作品が男の子にとっては貴重な教材であると考えられる。

　一方で，女の子をはじめとした野球にあまり興味のない子どもでも，積極的に授業に参加できるように，校庭で「かっとばす」体験をするなど，社会・文化的な活動を用意して，物語の内容をイメージできるように配慮し，工夫することはとても重要である。また，「かっとばせ」という主題に込められている「開放的な爽快感」をみんなで共感するために，「私のかっとばした経験を発表する」など，直接，野球とは関係のない言語活動や表現活動を用意するということも必要であるかもしれない。

　いずれにしても，子どもたちはただ教科書に書かれている文章を読んでいるだけではなく，社会や文化と接点をもちながら想像力を働かせ，文章を読解している。このような視点から学習困難児を含めたクラスでの授業づくりを考えると，「動作化」「視覚化」「共有化」といった認知的にわかりやすく「学習支援」をすることがインクルーシブ授業であるとはいえないだろう。

　そうではなく，学習困難児の読みを広げ，深めていくためには，「視覚化」では

第Ⅱ部 「教える」とはどういうことか？

なく「印象」の形成，「動作化」ではなく「文化的実践」ととらえて授業づくりを進めていくことが重要であると考える。本章の授業エピソードからわかることは，こうした授業を展開するために，言語的・認知的に指導するだけでなく，放物線を描いて遠く飛んでいくボールを見て，「わーっ」という歓声を上げるなど，感覚的・身体的な側面を他者と共有することが学習困難児の社会的想像力を発展させることに結びつくのではないかということである。本来，こうした感覚的・身体的な重なり合いを「共有（化）」と呼ぶべきであり，インクルーシブ授業の創造には，こうした重なり合いを授業のなかで意図的に創り出す教師の授業設計力が必要であると考える。

注
1) この点については第4章のまとめのなかでも指摘している。
2) エンゲストロームは，学校で学習したことが学校の外部にまで拡張していく学習を拡張的学習と呼ぶ（Engestrom, Y., 1987=1999, 2-4：山住，2004）。なお，拡張的学習では協同的に学習することが重要であると考えられていること，英国ではインクルーシブ教育と協同的な学習の関係をヴィゴツキーの活動理論をもとにして検討していることなどをふまえると（Daniels, H. and Hedegaard, M., 2011など），インクルーシブ授業と拡張的学習論は無関係ではないと考える。
3) 視覚化は「問いかけの手がかり」であるとして，「提示物を部分的に見せたり，瞬間的に見せたりすること」が効果的であると，阿部は述べている。また，パワーポイントなどのアニメーション機能やネット上にある動画を使用することも有効であると指摘している（阿部，2014，31）。
4) 視覚が知的直観として働き，精神や思考へと広がっていくとする考え方は，メルロ・ポンティの考え方を参考にした（中山ほか訳，1999，143）。この点については，アフォーダンス理論においても同様に指摘されている（佐伯ほか，2010，434）。

参考文献

阿部利彦（2014）「教科学習における『授業のユニバーサルデザイン』」．柘植雅義編著『ユニバーサルデザインの視点を活かした指導と学級づくり』．金子書房．

石黒広昭（2010）「実践としての文化―文化に対する社会歴史的アプローチ―」．石黒広昭・亀田達也編『文化と実践―心の本質的社会性を問う―』．新曜社，107-158．

石橋由紀子（2015）「インクルーシブ授業とカリキュラム論」．インクルーシブ授業研究会編『インクルーシブ授業をつくる―すべての子どもが豊かに学ぶ授業の方法―』．ミネルヴァ書房，39-47．

漆澤恭子（2011）「通常の学級の授業ユニバーサルデザインについて―授業ユニバーサルデザインを支える学級経営―」．『特別支援教育研究』No. 652，14-17．

漆澤恭子（2014）「ユニバーサルデザインの実践を支える学級経営」．柘植雅義編著『ユニバーサルデザインの視点を活かした指導と学級づくり』．金子書房，41-48．

桂聖（2013）「教材にしかけをつくる国語授業　3年生『海をかっとばせ』」．授業のユニバーサルデザイン研究会編『授業のユニバーサルデザイン　Vol. 6』．東洋館出版，42-49．

神谷栄司（2010）『未完のヴィゴツキー理論―蘇る心理学のスピノザ―』．三学出版．

國分功一郎（2013）『ドゥルーズの哲学原理』. 岩波書店.
佐伯胖（1995）『「学ぶ」ということの意味』. 岩波書店.
佐伯胖（監修）（2010）『「学び」の認知科学事典』. 大修館書店.
高取憲一郎（1994）『ヴィゴツキー・ピアジェと活動理論の展開』. 京都・法政出版.
多賀太（2012）「男子問題の時代？」. 稲垣恭子編『教育における包摂と排除—もうひとつの若者論—』. 明石書店, 47-78.
中山元ほか訳（1999）『メルロ＝ポンティ・コレクション』. ちくま学芸文庫.
山住勝広（2004）『活動理論と教育実践の想像—拡張的学習へ—』. 関西大学出版部.
山住勝広（1998）『教科学習の社会文化的構成』. 勁草書房.
Daniels, H. and Hedegaard, M. (2011) *Vygotsky and Special Needs Education: Rethinking Support for Children and Schools*. Continuum.
Engestrom, Y. (1987) *Learning by Expanding: an activitiy-theoretical approach to developmental research*. Orienta-Konsultit Oy.（山住勝広ほか訳（1999）『拡張による学習—活動理論からのアプローチ—』. 新曜社.）

第7章　学習困難児の「参加」を促す授業設計の方法

1．わかりやすい授業とはどのようなものか？

　前章において，インクルーシブ授業を創造する教師には，教材や学習課題のなかにある社会・文化的側面に注目し，子どもの学びと社会・文化的活動を結び付ける授業設計力（カリキュラムづくり）が求められると指摘した。そこで，本章では，多くの子どもの学びが発展するために，教師がどのような指導技術を駆使して授業を組み立てているのかについて検討したい。

　ここでは，まず「わかりやすい授業の構造」とはどういうものであるのかについて考える。ユニバーサルデザインの授業づくりでは，どの子にも「わかった！」「できた！」と実感できる授業を展開するために「『話すルール』を確立する」ことや「指示の出し方を具体的にする」「わかりやすいワークシートを用意する」などが紹介されている（久保，2011，12-13）。これは，学校全体で共通した授業の構造をつくることが，「学び方の多様性に応じた通常の学級の集団・授業づくり」において重要であるという考え方に基づくものである。

　一方で，吉田は「すべての子どもが『わかる』授業づくり」には，早く理解した者が理解の遅い者に対して，「教えてあげる」という関係が生まれるとして，ユニバーサルデザインの授業づくりを批判している。そして，そうした関係にならないようにするために，理解の早い子どもと遅い子どもが入れ替わるなど，「教え合い」の形態を読み解き，関係性を組み替える「学び合い」への転換が必要であると指摘する（吉田，2015，56）。そして，吉田はこうした関係性の組み替えには，価値ある課題，つまり，自分にも「関係がある」と感じる学習と子どもを「つなぐ」ことが重要であると指摘している（吉田，2015，57）。

　これは裏を返すと，教師が授業展開において教材と子ども，あるいは子どもどう

しをどのように結びつけるか（関係づくり）によって、子どもの授業内容の理解も大きく変わるということを示している。これまで対比的に論じてきたユニバーサルデザインの授業づくりでは、「わかる」ために「視覚化」や「焦点化」という方法を用いて授業を展開することが柱となっているが、そうした一方向的な「手立て」で「わからせる」のではなく、どのように授業を設計すれば子どもと教材を「つなぐ」ことができるのかを検討することが重要であると考える。そこで、以下、二人の教師の授業設計および授業展開について検討したい。

2. 子どもを教材世界に誘い込む「導入」の工夫

観察日：2014年7月
場　所：茨城県内B小学校1年生
授　業：国語「ことばのへんしん」

（1）先生を囲んでお話を聞く授業の「導入」

　小学校1年生の1学期という時期は、子どもたちが幼稚園や保育園を卒園し、いわゆる「学校での学習」に慣れ親しむことが課題の一つになる。小学校学習指導要領解説（国語編）においても、「特に第1学年においては、幼稚園教育における言葉に関する内容などとの関連を考慮すること」と記されているように、保幼小の連続性が重要である。すなわち、幼児期は「体ごとかかわり全身で感じるなど、活動と場、体験と感情が密接に結びついている」時期であるということを考慮して、幼児期を終えたばかりの小学校1年生を指導する教師は、授業を設計することが求められている（文部科学省，2008，104-105）。

　筆者が参観した授業では、小学校1年生を担任しているO先生は幼稚園や保育園での学びから小学校での学びへとつなぐために、授業の最初に子どもたちを黒板の前に集めて、幼稚園や保育園で紙芝居を聞くように、先生を囲むようにして床に座らせ、「今日の授業でやること」を説明する時間をつくっていた（図7-1）。O先生がこうした授業を行ったのは、1年生が使用している机が子どもの身体に比べて大きく、「肌を寄せ合って学ぶ」という感覚が生まれにくいという印象をもっていたからであった。

　O先生の話では、このような導入をすると、隣の友達との距離が狭いので、子ど

第Ⅱ部 「教える」とはどういうことか？

図7-1 先生を囲んでお話を聞く

もたちどうしの「つぶやき」が多く見られるという。たとえば,「今日はこんなことするんだってよ」と隣でつぶやく子どもの声を聞き,一斉指導の説明ではわかりにくかった子どもが授業の内容を少し理解できるようになるといった効果があるということであった。もちろん,「今日の授業は何をするのか？」という「理解」面だけでなく,「うわぁ,面白そう」という気持ちになっている子どもがいれば,不安の強い学習困難児も,「今日の授業は楽しそうだから,大丈夫…」といった気持ちになれるという効果も期待できるだろう。このように,肩を寄せ合い,隣の子どもの楽しみな気持ちが伝わりやすい状況を生み出すことで,多くの子どもが「今日の授業は楽しみだ」という構えをつくることができると考えていた[1]。

（2）「お宝ボックス」を使った授業内容の理解

　さらに,O先生は,教師のまわりに半円形になって集まっている子どもたちに,「あいうえ　おにぎり」ということば遊びの詩を楽しそうに歌い,授業を開始した。その後,今日の授業の課題である「ことばを変身させる」ということについて説明をするために,絵や箱を使って話しはじめた（図7-2）。

　具体的には,「わ」「た」「し」という文字を黒板に貼り,子どもたちに見せたあと,それをお宝ボックスに入れ,先生がその箱を少し振り,ふたを開けてみたら実物の「たわし」が出てきたというマジックのような演出であった。もちろん,1年生ともなれば,先生が「たわし」を箱の中にあらかじめ仕込んでいたことは容易に想像できていたが,それでも箱から本物のたわしがでてくるという展開を予想して

図7-2　お宝ボックスを使ってことばを変身させる

いなかった子どもたちからは，「え〜」という声が上がった。そして，教師はこうした実演のあと，「わ」「た」「し」という3つのひらがなを子どもたちに示しながら，それを入れ替えると「た」「わ」「し」という別の言葉ができることを説明し，子どもたちに「ことばをへんしんさせる方法」を理解させていった。

　以上のような「導入」のあと，子どもたちは各自の机にすわり，授業の本題に取り組んだ。O先生は黒板に「ことばをへんしんさせて，かくれている『おたからことば』をみつけよう」という本時の課題を書いた。子どもたちは，導入の段階で授業の内容をよく理解していたので，早く取り組みたいという気持ちからか，多くの子どもが黒板に課題を書き終える前に各々，口に出して読み始めた。O先生はそうした姿を見て「あとでみんなで読むから，今は心の中で読んでね」と，子どもたちに伝えた。

　この授業の導入からいえることは，子どもたちに「今日の授業でやること」を理解させようと思ったら，授業に自然と引き込まれる「流れ」を作ることが重要であるということである。すなわち，この授業では，1年生の1学期という時期を考慮して，幼稚園や保育園でお話を聞くときのような状態から授業をスタートさせ，「たわし」が出てくるという一種の「マジック」を見せて子どもたちの興味を引き，イラストや文字カードを実際に目の前で操作して「へんしんことばの作りかた」を理解するといった流れがあった。こうした流れをつくることで，授業で指導したい内容（教材世界）に子どもたちが無理なく入れたのだと考える。

　上野は「協同的活動においては，道具は単独で用いられることはまずない」と強調し，「いくつかの道具，あるいは，表現が"並置"されており，全体として一つ

のコンテキストを構成している」と述べている。そのため,「参加する人々の身体配置や,ほかに使うことのできるリソース,協同的な作業の組織化のあり方」などが大きく関係すると指摘する（上野,1999,120-121）。こうした指摘をふまえて,O先生の授業の導入を解釈すると,肩を寄せ合い,ワクワクするマジックを見て,みんなで期待を膨らませて学習課題を理解するという一連の流れを生み出すことが,その後の共同的な学びの基盤となったと考えられる。

3．能力差のある子どもたちが集団のなかで学びを深める授業づくり

（1）一人ひとりに異なる課題を与える

　この授業は,以上のような「導入」を終えると,子どもたちを自分の席に着かせ,「ことばのへんしん」の課題に取り組むように進められた。このとき,O先生は一人ひとりに封筒を用意し,一人ずつ異なる課題を与えた。このクラスには以下のような配慮を要する児童が2名おり,教師はこの2人の課題については特に配慮したという。

配慮を要するF児とG児の実態

F児：得意なことには集中して取り組める。友達との会話は受け身的で,やりとりが深まらない。ある程度の理解力はあるが,新しいできごとや不慣れな事への不安感が強い。

G児：ひらがなは読めるが,一字ずつ拾い読みしており,まとまりとして意味をとらえることは困難である。周りの友達の話を聞いても理解できないことが多い。

（研究授業の学習指導案より抜粋した）

　具体的に,O先生は比較的学習がよくできる子どもに対しては,最大7文字の言葉を用意し,学習が苦手な子どもには4文字程度の言葉を用意した。また,平均的な学力の子どもに対しては,5文字～6文字の言葉を用意するというように,大まかにクラスの子どもを3つくらいのグループに分けて課題を用意した。こうしたなかで,配慮を要するF児に対しては「しあわせ」,G児に対しては「みずうみ」という4文字のことばを封筒に入れ,課題として渡した（図7-3）。

　クラスにいる30人程度の子どもたちに,適した課題（言葉）を用意し,その課題を封筒に入れて準備することはとても大変なことである。さらに,授業の中で,一人ひとりに小袋を配布するのはとても時間がかかった。しかし,子どもに「ことば

図7-3　ペアで言葉の変身を考える

を変身させる面白さ」を味わわせるために，こうした対応が必要だとO先生は考えた。特に，このクラスにいた配慮が必要なF児とG児には，こうしたきめ細かい配慮がなければ授業の参加が難しいと考えていた。

　逆にいえば，こうしたきめ細かい配慮があったので，F児もG児も「袋から文字カードを抜き出し，袋に記載されている課題と同じように文字を並べてみる（ステップ1）」という課題に取り組めた。そして，教師の指示のもと，「取り出した文字カードを混ぜ合わせ，別のことばを作る（ステップ2）」という本題に取り組むことができた。

　F児とG児に与えられた4文字の中から2文字を組み合わせてことばを作る課題は，組み合わせられる文字のパターンが限られていることもあり，F児もG児も文字カードを動かしていくうちに偶然，「ことば」を見つけることができた。もちろん，偶然見つける言葉（「あせ」や「しわ」）は子どもたちにとって馴染みのある単語となる課題が与えられていた。

（2）ペア学習を通してとなりの友だちから学ぶ

　上記のような課題に取り組むなかで，O先生は子どもたちに文字カードを操作してことばを変身させている時間は，クラス全体を机間指導しながら，F児とG児の活動が止まっていないかどうかを確認していた。このとき，O先生は4月当初からクラスの子どもたちが「関わり合う」ことを大切に，学級づくりと授業づくりをしてきたので，この授業ではF児もG児も隣の子どもからやり方を教わったり，やり方をのぞく姿が見られた。

第Ⅱ部 「教える」とはどういうことか？

　特に，F児は小学校入学直後の４月，授業の流れがわからなかったり，友だちとの話し合いの方法がわからなくなると，「よく泣いていた」という。それでも，教師はF児と隣に座る子どもを根気強く「つなぐ」ことに尽力したので，F児は「わからないときに友達の様子を見る」といった学習の「型」を身につけることができた。

　G児も同様に，となりの友だちのやり方をチラチラと見ながら，混ぜ合わせたカードの中に言葉が隠れていないか楽しそうに探していた。G児は「みずうみ」の４文字から「みみ」とか「みず」といったことばを見つけ出していた。しかし，拾い読みしかできないG児にとっては，「みみ」という文字を見ても，それが意味のある言葉であるかどうか確信をもつことができなかったようであった。そのようなときに，となりの友だちが何気なく「みみって何？」と聞いてくれたので，話し言葉であればある程度理解できるG児は，耳を指でさすなどして友だちに説明をしていた。

　このように，配慮を要する子どもたちに対して一人ひとりに応じた課題を与えながらも，それを個別的に解決させるのではなく，友だちのやり方を「チラ見」したり，友だちから「聞かれたり」「教えられたり」しながら，集団のなかで解決していた。いや，こうした「つぶやき」や「関わり合い」が生じるようにO先生が授業を設計し，展開していたというべきなのかもしれない。つまり，能力差のある多様な子どものいるクラスで，すべての子どもの学習参加を保障しようとしたら，一つの教材から多様な課題を生み出すとともに，その課題を解決する過程で多様な子どもたちが交流し合い，集団（本時の場合はペア学習）のなかで解決できるように緻密に授業を設計することが求められるのである。

　もちろん，言葉を変化させるのであるから，言葉の法則をある程度，理解していなければならない。そして，言葉の法則を理解するための「指導」は当然，必要である。その一方で，言葉を組み合わせて遊ぶ楽しさが根底になければ，子どもはそもそも活動に参加しようとしない。これは，言葉には一語一語をどのような順番で組み合わせるかを考えるという側面（前景体系）と，その組み合わせで表現したいと思う気持ちがあるという側面（背景体系）があるという意味である。

　尾関はこうした二側面の関係について，「前景体系と背景体系の境界は固定したものではなく，流動的である点に注意すべきであろう」と指摘している（尾関，2002, 266）。つまり，これら二側面は混在し，区分することが困難であることをふまえつつ，国語の授業においては，これらを統一して指導することが重要となるのではないかと考える。このようにとらえると，マジックのような導入から始まり，

やり方を学び，友だちのやり方を見ながら，ことばの組み合わせを見つけ出すという本章で紹介した授業は，「前景体系」と「背景体系」がうまく融合した授業であったと考える。

4．授業をダイナミックな過程としてとらえる

　今回紹介した「ことばのへんしん」の授業は研究授業として公開されたものであったので，放課後の協議会では，授業を参観した先生方からさまざまな意見が寄せられた。たとえば，「1年生の1学期にこれだけ先生の説明を聞くことができるクラスはどのようにしたらできるのか？」とか，「ペアで言葉を探していく際に，粘土板のような板を2つの机の間に置いて，2人で課題に向き合えるように工夫していたのはとても良かった」など，学級づくりの上手さから，授業中の細やかな配慮まで，多角的に質問や意見が出された。また，「O先生の話し方はとても穏やかだけど，活動の切り替えはとても速い（ダラダラと話し続けることはしない）」といった学級づくりと授業展開のテクニックが混ざった意見も出された。

　このように，O先生の授業づくりには子どもたちの学習参加を促すエッセンスがうまく織り合わさっていた。すなわち，O先生は配慮が必要な2名の児童を含めて，クラスの多くの子どもが楽しく授業に参加できるように有形・無形の配慮や工夫を行っていたが，これらの指導技術は単体としてとらえるのではなく，状況や人間関係に応じて総合的かつ動的に駆使されていたといえるのではないか（図7-4）。

　特に，この授業には，1年生の1学期という時期や，配慮が必要な2名の児童とその近くにいた児童の面倒見の良さ，あるいは「ことばあそび」という教材文化の特徴を織り交ぜた配慮や工夫がたくさんあったので，多くの子どもが授業に参加できたのだと考える。

　ここで一つ付け加えておくならば，この学校では研究授業の視点の一つに，小学校1年生の授業ではいきなり小グループで話し合うのではなく，まず「ペア学習」から始めるほうが効果的なのではないかといった仮説をもっていた。もちろん，授業を動的（ダイナミック）なものとしてとらえるという原則に立ち返れば，「小学校1年生はペア学習が良い」といった固定的な考え方は避けたほうが良いだろう。そうではなく，「配慮を要する〜のような子どもがいるこのクラスでは…」とか，「この教科のこの教材では…」というように，極めて状況に依存したものとして検討することが重要であろう。

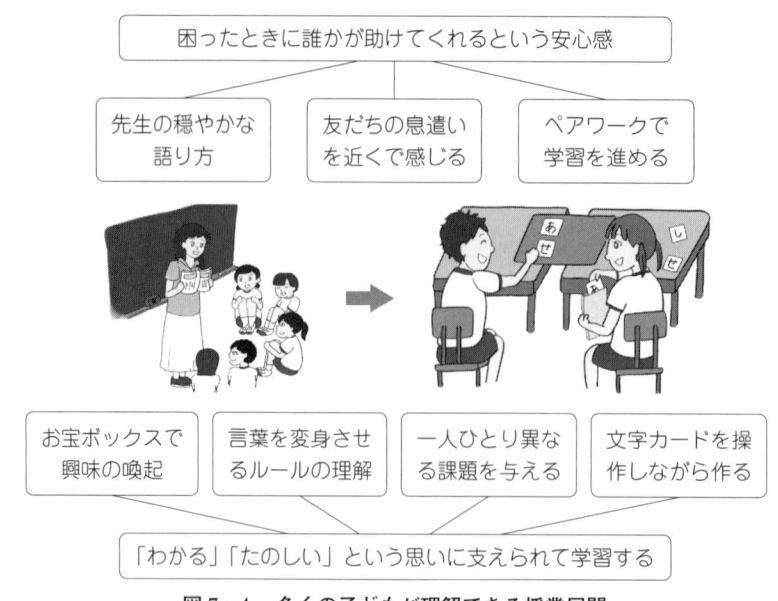

第Ⅱ部　「教える」とはどういうことか？

図7-4　多くの子どもが理解できる授業展開

　状況的学習論で有名なレイヴらは，実践には「共同体の再生産過程―実践者間の活動との関係の，歴史的に構成され，常に進行し，コンフリクトにはらみ，しかも共働的（synergetic）な構造化」が認められると指摘している（Lave, J. and Wenger, E., 1991=1993, 33）。また，茂呂は状況のなかで学ぶ様子を「のっぺらぼうの一様の時間が流れる空間」ではなく，「多様な時間の流れと空間構成が入り組んだ」実践の場としてとらえることが必要であると考えている（茂呂, 1999, 107）。

　こうした指摘をふまえると，すべての子どもにわかりやすい授業を展開しようと思ったら，理想的な授業というものをあらかじめ想定するのではなく，そこにいる子どもたちにとって最適な状態となるように授業を変化させていくことが重要であると考える。「ことばのへんしん」の授業では，授業に参加していた子どもたちの多様性を考慮しながら，教師が授業のなかにさまざまな「仕かけ」や「工夫」を織り込み，学習困難のある子どもでも，気がついたら周囲の子どもと共同して学習できていたというように授業が組み立てられていたと考える。

5．子どものちょっとした「しぐさ」や「つぶやき」をひろう

> 観察日：2014年5月
> 場　所：茨城県内B小学校3年生
> 授　業：国語「ゆうすげ村の小さな旅館」

（1）課題を易しくするのか，個別的な指導が必要なのか？

　それでは，子どもが参加しやすい授業構造を創りだすなかで，教師はどのような授業を展開すれば学習困難児が教材をより深く理解することができるのだろうか。この点について，『ゆうすげ村の小さな旅館』（3年生）を題材にした国語の授業を取り上げて検討したい。

　このクラスは活発な子どもが多く，授業中に考えさせると，自分の意見を言いたい子どもが多く，そうした子どもたちが周りの子どもとお話をしてしまうので，時々ざわついてしまうクラスであった。一方で，多くの子どもが教師の問いかけに応えようとする気持ちをもっていて，授業から大きくそれて学習にならないということはないクラスのように見受けられた。

　筆者が参観したときは『ゆうすげ村の小さな旅館』の読みをすでに5時間済ませていて，多くの子どもたちはある程度，話の全体像を理解していた（全9時間扱い）。そして，研究授業ではこの物語の「しかけ」に気付くことができるかどうかを考えることが学習課題であった（授業の展開は次頁の図7-5参照）。

　実際の授業では，あたかもミステリーのなかに自分たちが入り込んだかのような気持になり，子どもたちは先生の「ミッション」という言葉にとても興味を示した。その一方で，文章のさまざまなところに隠れている「美月がウサギではないかと疑えるヒント」を探すのは，このクラスの多くの子どもたちにとっては難しい課題であった。特に，このクラスに在籍していた特別な配慮が必要なH児とI児は，何を考えればよいかがわからずに，グループで話し合うときなどは十分に参加できないでいた。こうした授業において，特別な配慮が必要なH児とI児にも参加の機会を保障するためには，課題をもっと簡単なものにしなければならないのだろうか。あるいは，特別な配慮が必要なH児とI児など，この課題が難しいと思われる子どもには「ヒントの見つけ方（つまり，課題の解き方）」を個別的に指導することが

第Ⅱ部 「教える」とはどういうことか？

```
┌─────────────┐   「そういうことだったの…」という文章に着目させ，どういうこと
│畑にいたウサギが│   だったのかを考える。
│美月だったと気づく│   ➡ 文章の流れから，あるいは最後の手紙に「ウサギの美月より」
└─────────────┘     と書かれていることなどから，「美月はウサギだった」という
                      ことがわかる。
                              ⬇
┌─────────────┐   「このお話の中に，ウサギだと思わせるところは他にはないかな？」
│本時の学習課題│   と問い，みんなで見つけてみようと誘う。
└─────────────┘   ┌──────────────────────────────┐
                   │学習課題を『ミッション』と表現しながら            │
                   │『ミッション！ 美月がうさぎとわかるヒントをたくさん探せ！』│
                   │という今日の課題を板書する。                    │
                   └──────────────────────────────┘
                              ⬇
┌─────────────┐   子どもたちが見つけると予想されるもの
│物語のどこにヒント│    ・ウサギダイコン
│が「しかけ」られ │    ・宇佐見という名前がウサギの響きに似ている
│ているかをグループ│    ・美月の月がウサギを連想させる
│で話し合う    │    ・「耳がよくなる」という記述⇒ウサギは耳が特徴
└─────────────┘    ・たんぽぽの花，よもぎの葉（ウサギの好きなもの）
```

図7-5 学習課題と子どもたちの反応予想
出典：研究授業時に配布された学習指導案よりまとめた。

必要なのだろうか。

（2）必死で考えるH児への指導と学習参加

　この授業は研究授業として行われたので，校内の先生が参観した。この学校では，研究授業のときに授業を全体的にみる教師と，配慮が必要なH児とI児の様子を中心に観察する教師を決めておき，放課後の協議会で双方からの視点で授業を検討することにしていた。授業を全体的に見た教師の印象では，「このクラスの子どもたちにとっては，この課題は難しいのではないか」という感想が多く出されたが，H児とI児の様子を中心に観察した教師のグループからは，意外にもH児もI児も「思った以上に参加していた」という意見が出された。

　普段であれば授業に集中することが難しいH児は，保護者参観をセットにした研究授業であったので，多くの人に見られていたことも刺激になって，ウサギが隠れていそうなところを一生懸命，探していた。そして，教師がその姿をとらえて，机間指導の際にH児のもとにいき，H児の読み方や考えを聞き，「答え」になるように教師が若干，その場で修正（指導）をして，H児に発表させた。

　このとき，H児はみんなの前で発表することに自信がないからか，発表のときの言葉は「つぶやく」程度のとても小さい声であった。クラスの子どもたちは自分の

意見を周りの子どもに話したい子どもが多く、少しざわついていて、クラス全体にH児の意見を聞かせることはできなかった。そこで、教師はH児と同じグループの女の子に「H君の意見を大きな声で言ってあげて」とフォローした。これにより、多くの子どもがH児の意見を聞くことができ、そうしたなかである児童が「すごいね」とつぶやいた。H児を観察していた研究授業の参観者は、「H児はそれを聞いてとても嬉しそうだった」と放課後の協議会で感想を述べていた。

　このように、多少、難しいと思われる学習課題でも、H児は「ミッション」が与えられ、参観者に見られているという状況のなかで、必死に考えようとしていた。そして、教師はH児が考えていることを、H児が教科書を指でさしているところから感じ取り、机間指導のなかで関わり、答えられるようにそれとなく修正し、みんなの前で発表させた。こうした一連の流れのなかで指導が展開されたからこそ、H児はかろうじて授業に参加できたのだと考える。

（3）感覚的に反応するI児の「つぶやき」をひろう

　このクラスに在籍するもう一人の特別な配慮が必要なI児は、「文字を書くことが苦手で、カタカナや漢字が定着していない」子どもであった。また、授業時の集中も持続できず、引き出しを開けて遊ぶなど、話を聞く姿勢がまだ十分に身についていないといった実態であった。筆者が参観した授業でも、周りの子どもたちが課題について考えている時間に、鉛筆で消しゴムを刺し、くるくるまわして遊ぶなど、集中して授業に取り組めていない様子が見られた。

　しかし、H児と同じように、研究授業においてI児のことを観察するグループの教師からは、I児も授業に「部分的であるが、参加していた」と報告された。たとえば、ウサギが隠されているところを教科書から探し、グループで話し合うという課題にはあまり参加できていなかったが、「それを発表している友達の様子はチラチラとみていた」と報告された。また、この授業では、「『ウサギだいこん』は隠れているヒントだ」という意見に対して、「ウサギだいこんはヒントじゃないよ」というように対立する意見が出された場面があったが、こうしたやりとりを聞いていたのか、I児もそのやりとりに参加するかのように、「ウサギだいこんはヒントだよ」とつぶやき、つっこみを入れていたという。

　このように、I児も授業で示された「ミッション」には興味がありそうな様子であった。もちろん、他の子どもと能力的に大きな差のあるI児は、教師が設定する課題（ミッション）に対して、自らの力で能動的に解決することは難しいかもしれないが、それでも興味のある課題を解こうと部分的にではあるが、授業とつながろ

第Ⅱ部 「教える」とはどういうことか？

うとする姿が見られた。もちろんこれは，研究授業時にⅠ児のことを中心に観察する教師グループがいたからこそ見えてきた姿である。しかし，Ⅰ児をよく観察すれば「チラ見」や「つぶやき／つっこみ」をしていたことは事実である。こうした子どもたちを部分的にでも授業に参加させるには，こうした姿をひろい上げ，教師が関わりながら，他の子どもたちと「つなぐ」ことができないか，検討する価値はあると考える。

6．授業中の何気ない「しぐさ」や「つぶやき」をひろう指導技術

　昨今，通常の学級の授業では「話し合い」や「学び合い」が推奨されている。そうしたなかでは，教師は「発信」ではなく，「受信」を軸とし，子どもとテキスト，子どもと子どもを「つなぐ」ことが重要な役割になると指摘されている（石井，2004, 25-30）。しかし，特別な配慮を要する子どもにとっては，何の配慮もないなかで話し合いをするように指示されても，友だちの考えと自分の考えを自ら結び付けることは苦手であるし，そもそも自分の「考え」というものを思い浮かべることが難しい可能性すらある。

　しかし，本章で示した授業エピソードから，授業中に見せている何気ない「しぐさ」や「つぶやき」をひろい上げ，身体や感情と結びつけながら，表現できるように関われば，学習困難のある子どもであっても授業に参加する機会が広がるということが示唆された。これは，特別な配慮を要する子どもは，言語的・論理的には説明できないが，「感覚的なしぐさ」あるいは「印象レベルのつぶやき」を発信していることが多く，教師はそうした反応を拾い上げることができるということを意味している。

　当然のことながら，すべての授業で，いつでも教師は子どもの感覚的・身体的な反応を拾い上げ，「つなぐ」ことができるわけではない。しかし，子どもたちがマジックを見て驚き，歓声を上げながら教材世界の中に自然と入っていく「導入」や，一人ひとりに異なる課題を与えながら，友だちのやり方を「チラ見」することができる机の配置にするなどは，子どもたちが授業とつながり，関連することを「つぶやく」ために必要な状況づくりであったといえるだろう。そうした，意図的な授業設計のなかで，感覚的な反応として表面化している「しぐさ」や「つぶやき」を拾い上げ，つないでいくといった学習指導案には表れない指導を繰り返していくことが共同的に学びを創出する教師の指導技術であったと考える。

こうした教師の授業づくりをレイヴらが提唱する状況的学習論から考察すると，本章で指摘した子どものしぐさやつぶやきを拾い，「つなぐ」という指導すらも絶対的なものはなく，「一様な，一義的な『中心』とか，直線的に進む技能習得に帰着させない」と指摘されている（Lave, J. and Wenger, E., 1991=1993, 11）。つまり，授業とつながることによって生成される新しい認識世界も，結局のところ偶然の産物であり，状況に埋め込まれた一回性のものであると考えるべきであるといえるだろう（田島，2003，248）。

　裏を返せば，一回性の，偶然に生じる出来事をどのように演出するかが学習困難児の参加には重要であり，こうした「状況」を授業設計を通して生み出すことを教師は求められているのだと考える。そして，偶然を意図的に演出する教師の技術というものは，熟練した「わざ」[2]に近いものであるといえるだろう。近年では，こうした教師の「わざ」を「暗黙知」[3]あるいは「実践知」と呼び，教師の力量形成との関係で研究されているが（木塚，2011），インクルーシブ授業を展開する教師の指導性についても，「わざ」や「実践知」「暗黙知」と関連させながら詳細に検討する必要があると考える[4]。

注
1) 佐藤はヴィゴツキーやメルロ・ポンティの理論を引用しながら，「身体は相互了解の拠りどころとなっている」ことや，「人間のことばによる表現の根源にあるものは何か，それは身体であり，声であり，身振りが相互の理解の始まりである」と指摘している（佐藤，2008，178）。
2) 生田は「わざ」の習得過程を論じるなかで，その世界に身体全体でコミット（「世界への潜入」）するなかで，「型」や「間」といった熟練者の「わざ」が身につくと論じている（生田，1987，124）。
3) 「暗黙知」は，「わざ」「身体知」「熟練」「技能」「Knowing how」と類縁性のある概念であるが，「概念的には統一性の乏しいものであり，…多項目配列的」なものであると考えられている（福島，2001，45）。
4) この点について，稲田がインクルーシブ授業と教師の力量形成の関係を論じている（稲田，2015）。

参考文献
生田久美子（1987）『「わざ」から知る』．東京大学出版会．
石井順治（2004）『「学び合う学び」が生まれるとき』．世織書房．
稲田八穂（2015）「インクルーシブ授業を実践する教師の力量――「暗黙知」の視点で実践を省察する――」．インクルーシブ授業研究会編『インクルーシブ授業をつくる――すべての子どもが豊かに学ぶ授業の方法――』．ミネルヴァ書房，124-135．
上野直樹（1999）『仕事の中での学習』．東京大学出版会．

第Ⅱ部 「教える」とはどういうことか？

尾関周二（2002）『言語的コミュニケーションと労働の弁証法―現代社会と人間の理解のために―』（増補改訂版）．大月書店．

木塚雅貴（2011）「授業観察とその省察を中心とする教員養成の方法に関する研究―省察能力の育成に着目して―」．『日本教師教育学会年報』第20号，122-134.

久保正明（2011）「学び方の多様性に応じた通常の学級の集団・授業づくり―学級全体で取り組むユニバーサルデザイン―」．『特別支援教育研究』No. 652，11-13.

佐藤公治（2008）「生成の行為論」．無藤隆・麻生武編『育ちと学びの生成』（質的心理学講座①）．東京大学出版会，163-188.

田島信元（2003）『共同行為としての学習・発達―社会文化的アプローチの視座―』．金子書房．

福島真人（2001）『暗黙知の解剖―認知と社会のインターフェイス―』．金子書房．

茂呂雄二（1999）『具体性のヴィゴツキー』．金子書房．

文部科学省（2008）『小学校学習指導要領解説国語編』．

吉田茂孝（2015）「すべての子どもが『わかる』授業づくりの方法論」．インクルーシブ授業研究会編『インクルーシブ授業をつくる―すべての子どもが豊かに学ぶ授業の方法―』．ミネルヴァ書房，48-59.

Lave, J. and Wenger, E. (1991) *Situated Learning: Legitimate Peripheral Participation*. Cambridge University Press.（佐伯胖訳（1993）『状況に埋め込まれた学習―正統的周辺参加―』．産業図書．）

第8章　学習困難児が教材や他者と「つながる」授業づくり

1．「学び合い」を通して子どもたちが「つながる」授業

　前章において，学習困難児の学習参加を促す授業を設計するために，教師は子どもたちに話し合いの課題を与えて静観しているのではなく，偶然を演出し，「つぶやき」を拾い，「つなぐ」といった指導を展開していることが示された。これは，子どもどうしの「関わり（相互作用）」を直接的に促すのではなく，状況を生み出し，課題や集団に接続することができるように授業を設計する熟練した教師の指導技術であると指摘した。つまり，教師には，学習指導案には記載されにくい「指導性」を発揮することが求められるが，それでは，こうした明示できない教師の指導性とはどのようなものだろうか。

　21世紀に入り，日本の小・中学校ではPISA型学力に注目が集まったこともあり，相互作用や関係性という視点から学力をとらえ直す動きが顕著となっている。こうした側面を重視する学力を「キー・コンピテンシー」と呼ぶが，この育成には「相互作用的に道具を用いること」「異質な集団で交流すること」「自律的に活動すること」を組み合わせて困難な状況を乗り越えていくことが重要であると述べられている（Rychen,D.S. and Salganik, L.H., 2003＝2006，202)[1]。

　ただし，相互作用が重要であるといっても「ただ，話し合わせるだけ（関わらせるだけ）」では，新しい知識や価値は生まれない。たとえば，深澤は，集団での思考は，「解釈のちがい，根拠のある理解や推論をめぐる論争にならない」場合には，「合意の形成も必要ない」ので，「お互いの発言に耳を傾け，聴き合っているように見えて，実は何も理解していない」と指摘する。そして，そうした授業とならないようにするために，「読み取り方の違いが，交流される」ことが重要であり，そのためには「教材の特質」をふまえることが必要であると指摘している（深澤，2010，

29)。

　これは，人はそもそも同じ考えをもつことはなく，「自分の思考」から抜けだすためには，他者との差異が授業で浮き彫りになることが必要であるということを示唆している。教育心理学の分野においても，学習者には多くの「思い込み」があり，「わかったつもり」になっていることがあると指摘されているが，西村は，こうした「わかったつもり」から抜け出し，読みを発展させるためには，「文章内主義」から抜けだし，「矛盾」を意識的に作りだすことが重要であると指摘している（西村，1997，157および165）。

　つまり，子どもが他者と話し合って，新しい認識を形成するためには，子どもが抱いているこれまでの固着した「思い込み」を一度，切断するように授業を展開するということが求められるということである。これは，矛盾する意見をもつ他者と交流することで，それまでの自分と離れることができ，その結果，新しい考え方と接続できるようになるということでもある[2]。本章では，こうした視点から教師の授業づくりをとらえなおし，学習困難児が教材や他者と「つながる」ために教師はどのような指導技術を駆使しているのかについて検討したい。

2．読解から表現へ意識を切り替えるための導入の工夫

> 観察日：2015年1月
> 場　所：茨城県内B小学校4年生
> 時　間：国語『ゆめのロボット』を作る

　本章では，4年生の国語「『ゆめのロボット』を作る」という授業を例に考えてみたい。この授業は，「『着るロボット』を作る」という説明文を読み，文中に記載されているマッスルスーツについての広告を作るというものであった。この授業では最終的には自分たちで「ゆめのロボット」を考え，それを広告にして示すことを目的としていたが（全11時間），研究授業（4時間目）では，説明文の内容を「PR広告」に表現する時間としていた。

　このクラスには，「自分の考えをうまく伝えることができない児童や，課題は理解しているが友だちと関わることが苦手な児童」がいた。そのため授業では，「感覚的に答えられるような発問」を用意して多くの児童が課題に取り組めるように工

夫していた。一方，「自分の考えに固執している児童」に対しては，やはり発問などを工夫して，「固執した考えを一度，切断し，新しい考えと出会わせていきたい」と教師は考えていた（「学習指導案」の「授業の視点」より）。

　具体的には，授業の冒頭で，これまで読んできた説明文についてほんの少しだけ触れた直後に，突然，教師の携帯電話が鳴り，説明文「『着るロボット』を作る」の執筆者から依頼の電話がかかってきた（という設定で演技をし，授業を始めた）。その電話で教師は教科書の執筆者が作ったマッスルスーツを「日本全国にPRしてほしい」という主旨の依頼を受け，先生がクラスのみんなに「それではみんなで広告を考えよう」と投げかけた。

　もちろん，子どもたちは本当に教科書の執筆者から電話がかかってきているとは考えておらず，先生の演技であることは理解していた。しかし，いつもと違う国語の授業が始まったことへの驚きと期待から，子どもたちの表情はとても明るくなり，すべての子どもが先生の演技を注視していた。これは，授業の本題に入るまでのほんの2～3分くらいの時間であったが，研究授業で多くの参観者がいる中で子どもたちの注意を集中させるのに十分な演出であった。

　教育方法学の理論を使わなくとも，授業づくりにおいてこれは「導入」の工夫といえるだろう。これまで多くの授業において，子どもたちを「教材世界に誘い込む」ための仕掛けが考案されてきたが，こうした工夫を「授業者の思い」のなかにあった「切断」による「新しい世界との出会い」という視点から考察すると次のようになる。

　すなわち，この授業はこれまで読んできた説明文を「PR広告」にするものであり，「読解から表現へ」転換する授業であった。そのため，子どもたちの意識を読解中心に進めてきた国語の授業からいったん「切断」することが必要であった。そこで授業者は，教科書の執筆者から携帯電話に連絡があり，「PR広告」の作成を依頼されたという演出をして，読解から表現へと切り替えようとしたと意味づけることができる。こうすることで，「今日は表現を考える時間である」という意識になり，読解から表現へと気持ちを切り変えられたので，スムーズに本時の課題に入っていくことができた子どもが多かったと考える。

3．固着した考えから抜け出せるようにする発問の工夫

　さらに，この授業は，PR広告を作成する過程でなかなか書き込めない子どもや，

第Ⅱ部　「教える」とはどういうことか？

逆にさっと書いて「これでいい」と思っている子どもに対して，タイミングを見計らって，発問をして，子どもたちの表現をさらに引き出し，深めていきたいと考えていた。そこで，教師は子どもたちに以下のような課題を提示した。

ゆめロボットプロジェクト1
目指すは最高のPR！　マッスルスーツを日本中に広めるための広告を作ろう

こうした課題が提示された子どもたちは，図8-1のようなプリントが配布され，まず，大きな見出し部分のキャッチコピーを考えた。その後，教科書に書かれていることなどを参考にして，空白部分に小見出しをつけたり，解説文を加えたりして広告を作成していった。授業では，教科書の説明文の内容をある程度理解でき，PR広告を作成するという意図が理解できている子どもは，こうした流れを作ることで自分なりの広告を作ることができていた。たとえば，ある児童は「機能回復，力もち」というように，教科書のなかで使用されている言葉（「機能を回復させる手助け」）と，自分なりのマッスル・スーツのイメージ（「力持ちになれる」）をうまく組み合わせたキャッチコピーを書いていた（図8-1）。

ただし，配慮を要する児童として教師が授業中の働きかけなどを工夫しなければならないと考えていたK児とL児については，こうしたしっかりとした授業の流

図8-1　PR広告を考えるワークシート

れがあってもすぐに取りかかることは難しい様子であった。筆者が観察したところでは，K児とL児は「教科書の内容を広告にする」といった大まかな課題の理解はできていたが，教科書のどこを抽出すればよいのか，抽出した文章をどのようにすればキャッチコピーになるのかということは「わからない」といった様子であった。

　それでも，K児は隣の友だちの表現を真似して，頑張ってキャッチコピーを考えていた。しかし，実際のところは書いては消して，また書くということを繰り返しているだけで，自分なりの表現が見つけられないでいる様子がうかがえた。一方，L児は周りの子どものやり方を見てもやはり「よくわからない」といった表情であった。L児も何とかキャッチコピーを考えようとしているようであったが，教科書を開き，眺めているものの，写真が掲載されているだけの白紙の広告紙に何も書けないでいる時間が長く続いた。

　教師はこの間，すべてのグループを隈なく机間指導していたので，K児やL児ばかりでなく，クラス全体の進捗状況を把握していた。この机間指導の中で，教師はK児やL児のように手が止まっている子どものみならず，キャッチコピーをすぐに思いついて「これで良し」と思い，それ以上，考えが深まっていない子どもがいることを感じていた。そこで，教師は読み込んだ内容をもっと広告に反映させられるように，少し時間が経ったところで，子どもたちの作業をいったん止め，子どもたちに次のように声をかけた。

> 「小林さん（―説明文の執筆者）からのお願いは，日本中に広めるということだったよね」
> 「みんな，日本中だよ！」
> 「大丈夫かな。たくさん紹介することあるよね」

　こうした教師の新たな問いかけのあと，「これで良し」と思っていた子どもたちは「日本中」を意識して，さらに表現を工夫していった。配慮を要するK児も，マッスルスーツは力がない人でも「楽にできる」というイメージくらいしかもてていなかったところで，教師からのこうした問いかけがあったので，「日本のみんなが楽になる‼」と記入することができた。このキャッチコピーは，本人にとってしっくりいくものであったのか，その後，消されることはなかった。

　実は，こうしたタイミングで「日本中だよ」と念を押すように問いかけることは，学習指導案を立案する段階から授業者が考えていたことであった。すなわち，広告PRづくりを通して，「これで良し」と思いこんでいる子どもには，別の角度から

見つめ直すことができるように，「日本中だよ」という教師からの働きかけをタイミングよく行おうと計画していたのである。一方で，教科書のどこを抽出し，どのように広告に書いてよいかわからないK児やL児のような子どもは，課題の取り組み方（アクセスの方法）がわからない状態になることを教師はやはり予想していて，こうした子どもたちには「日本中だよ」という投げかけが「何を書けばよいのか」を考えるヒントになるのではないかと考えていた。

　こうした意図的な働きかけを課題への「接続」と「切断」という視点から考察すると，前者は一度接続をした内容に固着し，そこから抜けられないでいる子どもであり，後者はどこに接続したらよいのかわからないで途方に暮れている子どもであると考えられる。もちろん，書いては消し，また書くという行為を繰り返していくうちに，自分なりの表現を見つけられるということもあるかもしれない。しかし，自分の考えをいろいろなところに接続し，新たな思考や表現を生み出すことが難しい子どもに対しては，言葉を操作するだけの作業課題では思考や表現が発展せず，いつまでも定まらないことのほうが多いのではないだろうか。

4．さまざまな要素が織り合わさって「わかる」につながる

　上記のように，この授業では，広告制作の手を止めさせて，「日本中だよ」という働きかけ（切断）を行ったので，K児は「やり方」がわかったのか，その後，キャッチコピーの下の空白部分にマッスルスーツの説明を書き始めた。しかし，K児はふと「マッスルスーツはいくらで買えるのか？」ということが気になりだし，写真の下に「〇〇万円」という高額な金額を書き，隣の友だちに見せて楽しんでいた。課題に向かって，積極的に広告に書き入れることができたという点ではとてもよかったが，今度は教科書には書いていないことを自由に（勝手に）記述しはじめてしまったのである。

　一方，L児は教師の「日本中だよ」という問いかけでは，まだ「こうしよう」というイメージがわきにくいようであった。近くの友だちのキャッチコピーを見ながら「かいごのみかた」という言葉を何とか書くことができたが，それから先はなかなか進められないでいた。

　このように，広告作りのなかで見せる子どもの状態は，「教科書の内容から外れて自分のイメージを表現しようとしている子ども」や，「見出しまでは考えられても解説文が思いつかない子ども」など，とても多様であった。このとき教師は，

「教科書〇ページと〇ページを読んだよね。そこにどのようなことが書いてあったかな？」というように，PRしなければならない説明文（教科書）に立ち戻ることを示唆したり，「機能とか，使い方とか，特徴について書いてあったよね」という言葉を子どもたちに投げかけ，PR広告に記していく内容を示唆するような発言を子どもたちに投げかけた。

さらに，レイアウトを含めて，見出しと解説をうまく構成できている子どもの広告（作品）をデジタルカメラで撮影し，TVに映し出してみんなで見るという（鑑賞）機会も設けた。こうした波状的な働きかけを行ったことで，結果としてK児はマッスルスーツの値段の検討から抜け出し（切断），教科書に書かれていることの紹介に戻ることができた（接続）。

一方，L児はとなりの友だちのやり方を見たり，教師からの「機能や使い方，特徴を書く」という働きかけでは「こういうふうに書こう」ということにはつながらなかった。ただし，教師がうまく書けている子どもの作品を写真に撮り，すぐにそれをTVに映してみんなで見るという学習はとても良く理解できたようで，それを見た直後から，L児は教科書の内容を自分で抽出し，広告の空白部分に文章を記入することができた。

TVに何人かの子どもの作品を映し出してみんなで見る時間は，子どもたちの広告の制作がある程度，進行したあとでなければできないことであるので，授業の最後のほうの取り組みであった。この時間になってL児はようやくどうすればよいかがわかったようであった。そして，教科書の内容を必死に読み，自分なりに広告の空白部分に書き込みはじめたので，おそらくL児は授業の最後のほうの教師の話を聞いていなかった。しかし，この授業を参観していた他の教師からは，L児が夢中になってPR広告の作成に取り組んでいる姿が好意的にとらえられており，L児の学習としてはとても貴重な時間であったと話し合われた。

このように，配慮が必要なK児もL児も，教師からのさまざまな働きかけにより，最終的には本人なりにこの授業の課題と向き合うことができた。言い換えると，教師は授業の進行に合わせて「取り組み方」がわからないでいる子どもや，固着した考えから抜けられないでいる子どもに対する意図的な働きかけを複数用意しておくことで学習を進めていくことができたのだと考える。

ここで議論しておかなければならないことは，学習困難児がどのような働きかけと接続できるかは，あらかじめ，すべて予測できるものではないということである。ユニバーサルデザインの授業づくりのなかでも効果的とされている映像を使って視覚化することや，ワークシートを工夫してわかりやすくするという方法は，いくつ

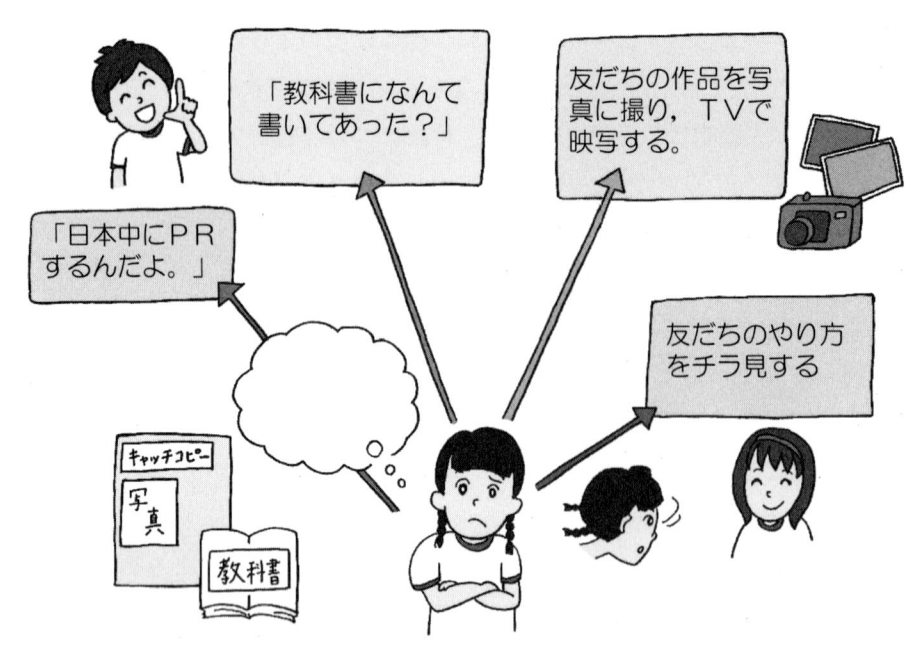

第Ⅱ部 「教える」とはどういうことか？

図8-2 教師が用意した複数の接続回路

かの働きかけの一つであり，それさえあれば良いというような単純なものではない。実際のところは，クラスの雰囲気や授業の流れ，他者からの影響など，さまざまな要素が交錯するなかで，教師が用意した複数の接続経路とたまたま「つながる」ことができた結果，授業の内容を理解できたと解釈するべきであろう（図8-2）。

　以上のように，PR広告という制作物が生み出されるプロセスは，さまざまな経路をさまよいながら，いくつもの余計な結びつきや失敗作品を経て，何となくたどり着いた先に「これで良し！」と思えるものが見つかったというものであろう。東はこうしたさまざまな経路をたどって行き着く思考を「郵便的」と表現し，「剰余」や「誤配可能性」，「コミュニケーションの失敗」こそ，思考を自由に切断したり，接続することを可能にすると指摘している（東，1998, 127）。すなわち，こうした回り道をしながら，集団の力に支えられて学習することで，学習困難のある子どもでも実感をもって「これで良し！」と思える学習となるということを本章の授業エピソードは示唆していると考える。

　以上のような授業は，教師が直接的に指導することを中心にしないので，どのような展開となるかわからないという意味で不確実な要素が多い。しかし，どうしたら良いかわからないでいる学習困難児に対しては，「こうしなさい」と指導したのでは，「先生の言うとおりにやればよい」ということを学習するにとどまってしまうだろう。そのため，こうした子どもには，どのような効果となって現れるかわか

らないが，教師が授業中につぶやいたり，友だちのやり方をチラ見するように促すなど，学習指導案には明記されない指導性を発揮することで学習課題との接続方法を学習困難児自身が見つけ出せるようにすることが重要なのだと考える。

5．「集団をアレンジメントする」という教師の指導性

　もちろん，複数の経路のなかで迷い続け，つながる先がわからないまま授業（あるいは単元）が終わってしまったのでは，実感をもって「わかる」というようにはならないだろう。そのため，教師は単元全体の中に多くの子どもが接続できると思われるヒントや資料，あるいは他者との協同的な活動を用意する必要がある。

　今回紹介した授業では，教師はマッスルスーツの良さや特徴について，「マッスルスーツのこの点を伝えたい」という子どもなりの考えをもつことができるように単元の指導計画を立てていた。具体的には，PR広告作りを行う前の時間に，「すごいところ合戦：マッスルスーツ vs アクティブ歩行器」と称して，着るロボットについて読み込み，クラスで意見を交わしていた。

　ここで注目しておきたい点は，マッスルスーツとアクティブ歩行器の特徴を読んで，単にまとめるといった平坦な授業を展開していたのではなく，「すごいところ合戦」というように，子どもの心をゆさぶるような課題として提示し，教科書の内容を読解していたということである。こうした読解があったからこそ，多くの子どもが写真しか掲載されていないプリントのなかに自分なりのPRポイントを考え，記入することができたのだと考える。

　一方で，研究授業後のグループ協議の中では，K児を中心に観察していたグループの教師から，K児にマッスルスーツの良さを考えてもらうために，「Kさんがこのマッスルスーツをつけたらどんなふうに使うかな？」と問いかけてみたらどうだろうか，という意見が出されていた。また，「Kさんだったらこのマッスルスーツを誰に使ってほしいかな？」という問いかけも良いのではないかという意見も出されていた。このように，B小学校では，繰り返し実施してきた校内研修のなかで，学習困難児に対しては個人的な「思い」に訴える問いを投げかけることが有効ではないかと話し合われるようになっていた。

　また，研究授業終了後の協議会のなかで，「子どもが表現（PR広告）を考えているときに，教師が頻繁に授業を止めて子どもたちに働きかけたので，どのようにすればよいかがわかった子どもがいた反面，思考が途切れてしまった子どももいたの

ではないか」という主旨の意見も出されていた。たしかに，この授業では，「日本中だよ」とか「これまでの授業で機能や役割を考えたよね」とか，上手に広告を制作している子どもの作品をTVに映し出して鑑賞するなど，子どもたちの作業をいったん停止させる機会が多かった。こうした働きかけは，全員が教師に注目し，「この視点でもう一度，自分の作品を見つめ直してみてほしい」というメッセージを伝えることが必要な場面では有効な方法であるが，あまり頻繁に行うとせっかく子どもが創り上げたイメージを表現する前に切断してしまうことにもなりかねないという指摘も一理ある。

　すなわち，「教師がクラス全員に向かって意図的に発する問いや働きかけ」は授業の骨格のようなものである。これは，クラス全員に対して考える指針を与えたり，同じような方向を向いて活動を進めていくためにとても重要なものである。その一方で，教師の意図が反映されやすく，子どもの自然な思考や活動を切断してしまう危険性もあり，どのような場面で子どもの活動を切断するのがよいのか緻密に授業を設計する必要があるだろう。

　これに対して，教師がそれとなくつぶやいたり，机間指導のなかである子どもにだけ立ち話的に働きかけるといった学習指導案には明記されない指導性を発揮することでも，学習困難児の学習を促進することができる。たとえば，表現が思い浮かばないでいる児童には，「〇〇さんの作品が参考になるから，そっと見てきてごらん」などというように，クラス全体の活動を止めることなく，子どもに新しい経路を指し示す働きかけをするということは可能であろう。

　また，教師が机間指導のなかで「〇〇さんの作品，すごく上手だね」と周囲の子どもにも聞こえるように発言をすれば，その子どものいる集団，あるいは学級に何となく，こんな作品がよいのかなといった大まかなイメージが生まれるだろう。宇野は，「言表行為，言語行為は，本質的に集団的アレンジメントである。たった一人のつぶやきも，潜在的な集団に関わるアレンジメントの中での実践なのだ」と指摘している（宇野，2012, 69）[3]。こうした指摘をふまえると，集団に向かってそれとなく行っている行為であっても，それを意図的に行っているのであれば，一つの「教師の指導性」であるといえるだろう。

　以上のように，学習困難児が教材や他者と「つながる」授業を展開するためには，個に閉じられた状況のなかで言語的・認識的に考えることを強いられる学習ではなく，教師は集団をアレンジメントし，「共同の思考活動」を組織することが必要となる。これは，「偶然」の結びつきをそれとなく演出し，学習困難児が教材や他者と「つながる先」を自ら見つけ出していくことができるように，学習指導案には明

記されない指導性を暗躍させるという意味でもある。インクルーシブ授業を展開する教師にはこうした「指導性」を発揮することが求められるということが，本章の授業エピソードから示唆された。

注
1) 日本においてもこうした考え方をキャリア教育の文脈で取り入れてきた。たとえば，文部科学省は，キャリア教育を「個々人が生涯にわたって遂行する様々な立場や役割の連鎖及びその過程における自己と働くこととの関係付けや価値付けの累積」と定義し，関係性や相互作用の中で子どもの能力を形成していくことが重要であると考えられている（文部科学省，2006）。
2) 千葉はドゥルーズを論じるなかで，新しい何かを生成変化させるためには，「部分的な関係づけと無関係化」が必要であると指摘している。つまり，関係づけるばかりでなく，いったん切断することも重要であると考えている（千葉，2012，25）。
3) 宇野はドゥルーズ＝ガタリやバフチンの理論をもとに，こうした関わり方を「自由間接話法」と呼んでいる。

参考文献
東浩紀（1999）『存在論的，郵便的―ジャック・デリダについて―』．新潮社．
宇野邦一（2012）『ドゥルーズ―群れと結晶―』．河出ブックス．
千葉雅也（2012）『動きすぎてはいけない―ジル・ドゥルーズと生成変化の哲学―』．河出書房新社．
西村克彦（1997）『「わかる」のしくみ―「わかったつもり」からの脱却―』．新曜社．
深澤広明（2010）「教材の特質をふまえた発問で教材を吟味する集団思考を」．『授業力＆学級統率力』No. 003，明治図書，27-29．
文部科学省（2006）「小学校・中学校・高等学校 キャリア教育推進の手引―児童生徒一人一人の勤労観，職業観を育てるために―」．
Rychen, D. S. and Salganik, L. H. (2003) *Key Competencies for a Successful Life and a Well-Functioning Society*. Hogrefe & Huber Publishers.（立田慶裕訳（2006）『キー・コンピテンシー―国際標準の学力をめざして―』．明石書店．）

第Ⅲ部
「ともに学ぶ」とはどういうことか？
——共同的な学びを創り出す授業の展開——

　共同や協働をもっとも単純化して表現すれば，「一緒にいて，一緒に活動すること」となる。しかし，そうした言葉を表面的にとらえ，実践しようとすると，「一緒にいられない子」や「一緒に活動できない子」に対してどのような「特別な支援」が必要であるかを検討する授業づくりとなってしまうことだろう。
　第Ⅲ部では，そうした「特別な支援」を超えて，「ともに学ぶこと」＝「共同的な学び」を創りだしていくことができる授業づくりについて検討したい。

第9章　認識と感情を集団のなかで結ぶ授業づくり

1.「学びの共同体」を形成する課題

　多くの教師が，クラスをみんなで学びあう「共同体」にしていきたいと願っている。インクルーシブ授業を考える場合にも，共同体を形成していくことが重要であるという点については異論を唱える人は少ないだろう。ところが，「共同体」はどのようにして形成されるのかを問うと，人によりさまざまなとらえ方があり，一様ではなくなる。

　たとえば，佐藤は「聴き合う関係を基盤とする対話的コミュニケーション」を基盤にして「学びの共同体」は形成されると指摘している（佐藤，2014）。これに対して，学びとは話し合い活動が与えられて成立するものではなく，当事者である子どもたちが「問いただしていく」ような授業を展開することが必要であると久田は指摘する（久田，2014）。また，柴田は「学びの共同体」による学習方法ついて，討論のない「聴き合う関係」では子どもは育たないと述べ，「批判的思考を育てる学習集団」を形成することが重要であると指摘している（柴田，2010）。

　このように「学びの共同体」に関する議論は，2000年以降，さまざまに展開されてきた。ここで議論されてきたことは，社会と個人（主体）を結ぶ集団はどのようにして形成され，発展していくのかということである。こうした集団を教育哲学の分野では，「中間共同体」と呼んできたが，岡田は中間共同体を組織することが「他者たちとの具体的協同行為や対面コミュニケーション」を可能にすると指摘する。そして，中間共同体は「共同意思を構成」するのであるが，そのためには「自他の異質性」を確認したり，自らの「超越性を思い知らされたりする」経験が必要であると指摘している（岡田，2009，219）。

　このように，ただ人の話を聴いて，話し合いをすれば共同的な学びが生まれると

第9章　認識と感情を集団のなかで結ぶ授業づくり

いうものではなく，異質なものや違和感のあるものがぶつかりあうような授業を展開することが重要であると考える。また，学びを共同化するといっても，その様相は固定的なものではなく，子どもたちと教師の思いが織り合わさりながら，時には対立したりすることもあるというように，常に変化しているものであるととらえるべきであろう。本章では，こうした共同体をめぐる議論をふまえて，まず授業の中で共同的な学びが創りだされていく過程について検討したい。

2．課題を感性的にとらえることで多様な子どもを包括する

観察日：2014年10月
場　所：茨城県内B小学校1年生
時　間：国語「のりもののことをしらべよう」

（1）認識的な工夫の効果と限界

ここでは，まず，小学校1年生の国語の授業「のりもののことをしらべよう」という授業を例にして考えてみたい。

この授業は，トラックやバスなど，子どもにとって馴染みのある乗り物に関する説明文を読み，「しごと（役割）」や「つくり（構造）」などについてまとめることがねらいの学習であった。この単元の指導方法について，ユニバーサルデザインの授業では，「しごと」や「つくり」が書かれている箇所に気づかせるために，「そのために」という接続語に着目させたり，そのことが書かれている「まとまり」（形式段落）に気づかせる指導が紹介されている（廣瀬ほか，2009，25）。しかし，こうした認識的に整理することを中心とした学習では，他の子どもの感じ方や意見を聞きながら共同的に学ぶ姿はあまり見えてこない。

筆者が参観した同じ単元の授業でも，「本教材は，4種類の船の特徴を，同じ文章構成や文型で説明している」という点に着目していた。そして，児童が『のりものずかん』を作る際には，「この文型を生かしていきたい」と考えており，基本的な学習のねらいや方法はユニバーサルデザインの授業と共通していた。しかし，授業者は児童の発達段階を考慮すると，「図鑑から必要な情報を選択するのは難しい」とも考えていた。そこで，身近に感じられる乗り物として『はしご車』を取り上げ，「『はしご車すごいぞカード』をつくろう」という授業を行うこととした（学習指導

第Ⅲ部 「ともに学ぶ」とはどういうことか？

案の「授業者の思い」より）。

　この授業には、「教師の話を聞こうとする態度はあるが、課題を理解することが難しく気が散りやすい児童」や、「いつもと違う環境になると、気持ちが高揚し、さらに学習に集中できなくなる児童」など、配慮を必要とする児童が数名参加していた。また、そうした子どもが学習できるように、「文章構成を色別に分けながら学習を進め、視覚的に判別しやすいように」したり、「ペア学習による学び合いを通して、安心して学習に取り組める」ように工夫した（「学習指導案」より）。

　こうした工夫があったので、実際の授業では多くの子どもたちが学習に取り組むことができ、『はしご車すごいぞカード』を作成できた子どもは多かった。ただし、授業者は特別な配慮を要する児童として取り上げられた2名の児童には、こうした工夫をするだけでは不十分であった。特に、はしご車の「役目」「仕組み」「できること」という点を抜き出し、まとめるという課題は、図鑑の一部を整理して読ませても、難しかったと授業者は振り返っていた。

　もちろん授業者は、授業のなかで「お話ししながらやっていいよ」という言葉をかけて、子どもたちにペア学習でわからないところを補うということを推奨していた。こうした対応をていねいにすると、「これで良いかどうかわからない」というときに、確かめ合いながら課題を進めることができるようになった子どももいた。しかし、特別な配慮を要する児童は、もともと「読んだ情報のなかから何をどのように抽出してよいかがわからない」という状態なので、ペア学習のなかで友だちのまとめた内容を見ても自分でどうしたらよいかわからないままであった。

　これは、学習困難の大きい子どもにとっては、認識的にわかるように授業を工夫するだけでは十分に理解することが難しいということを示唆している。すなわち、「見て、わかるようにする」といった視覚的な支援を授業のなかに取り入れるだけでは学習困難児の理解を促すことが難しい場合があると考える。

（2）感性的な課題として再構成する

　このとき、授業で提示される課題自体をもっと感性的にとらえられるように再構成したらどうなるだろうか。題材名からもわかるように、「『はしご車すごいぞカード』をつくろう」という授業には「すごいぞ！」という感情表現が含まれている。この言葉に注目すると、教師は授業において「はしご車のどこがすごいのか？」を子どもたちと語り合い、感じあうことができる（図9-1）。実際のところ、特別な配慮を要する児童のなかには消防車などの緊急車両が好きな子どもは多く、はしご車のことはクラスのなかで一番よく知っている可能性もある。

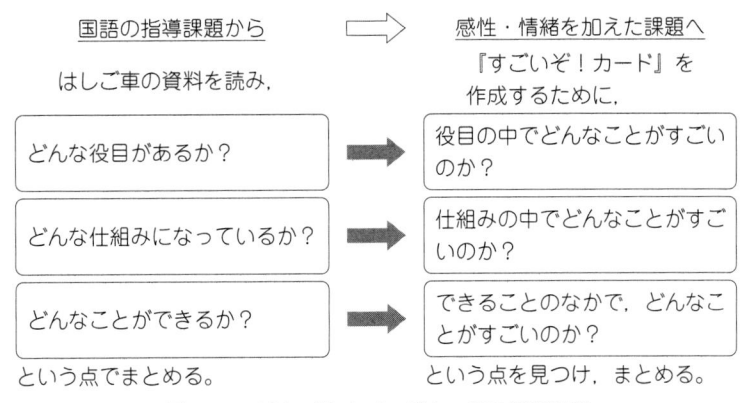

第9章　認識と感情を集団のなかで結ぶ授業づくり

```
国語の指導課題から          ⇒    感性・情緒を加えた課題へ
はしご車の資料を読み,              『すごいぞ！カード』を
                                作成するために,
┌─────────────────┐        ┌─────────────────┐
│どんな役目があるか？     │   →   │役目の中でどんなことがすごい│
│                │        │のか？          │
└─────────────────┘        └─────────────────┘
┌─────────────────┐        ┌─────────────────┐
│どんな仕組みになっているか？ │   →   │仕組みの中でどんなことがすご│
│                │        │いのか？         │
└─────────────────┘        └─────────────────┘
┌─────────────────┐        ┌─────────────────┐
│どんなことができるか？    │   →   │できることのなかで、どんなこ│
│                │        │とがすごいのか？     │
└─────────────────┘        └─────────────────┘
という点でまとめる。              という点を見つけ、まとめる。
```

図9-1　はしご車すごいぞカードの学習課題

　もちろん，国語の時間であるので，資料の中に書かれているはしご車の「役目」「仕組み」「できること」を読み取らせるという指導は欠かせない。しかし，資料や文章をはじめから読ませ，「役目」や「仕組み」「できること」が書かれているのはどこかと問い，まとめてみようというように授業を展開するのではなく，消防車が大好きな子どもたちから「はしご車のすごいところ」を語ってもらうというように授業を展開することができないだろうか。

　このように，学習課題のなかに「すごいぞ！」という感情を伴う表現を含め，そこを軸に授業を展開することで，学習困難児を含めて，より多くの子どもが共通の課題に向き合うことができるようになると考える。これは，「感情（感性）」というものが，能力の差異を超えて共通した興味を引き起こし，多様な学習ニーズの子どもたちが共同的に学ぶことを可能にすることを示しているのではないだろうか。

3．多義的な抽象語こそ共同的な学習のキーワード

> 観察日：2014年10月
> 場　所：茨城県内B小学校4年生
> 授　業：国語「世界一美しいぼくの村」

（1）「美しい」とはどういうことかを語り合う

　学年が上がると教科書に出てくる言葉が抽象的になってくるが，そうした学年では，題材のなかに含まれる感性的側面に着目することはさらに重要になる。たとえ

121

第Ⅲ部　「ともに学ぶ」とはどういうことか？

ば，小学校4年生の国語の授業で『世界一美しいぼくの村』という物語を読む授業を例に挙げて考えてみたい。

　この物語の題名にある「美しい」という言葉は抽象的で，国語が苦手な子どもには理解しにくいものである。また，「美しさ」は多義的であり，子どもに「美しいと感じたことはどんなこと？」と尋ねても，個々に感じ方が異なるだろう。小学校高学年の国語では，むしろこうした一人ひとりの感じ方が異なる多義的な抽象語が含まれている教材だからこそ，学習する意義があると考える。たとえば，筆者が参観した『世界一美しいぼくの村』を読む国語の授業は，「物語を読んで考えたことを伝え合い，ひとりひとりの感じ方について違いのあることに気づかせる」ことをねらいにして授業が展開された（学習指導案の「授業者の思い」より）。

　ただし，実際の授業では，学習困難児を含めて，抽象的思考が育っていない子どもでも授業に参加できるように工夫することが必要であった。筆者が参観した『世界一美しいぼくの村』の授業には，「学習への意欲にむらがあり，集中力を持続することが苦手な児童」や「語彙力が乏しく，話をすることが苦手な児童」がいた。そのため，この授業を担当した教師は，そうした子どもたちのために，「挿絵を準備し，全体の流れをつかみやすく」する配慮をしたり，「課題を理解しているかを確認したり，自分の考えを友だちと交流したりするペア・グループ学習を行い，つなぐことで自信をもって活動し，自分の考えを深めさせるようにしていきたい」と考えた（学習指導案の「授業者の思い」より）。

　以上のような授業設計をした上で授業に臨んだので，この授業ではいきなりテキストを読んで考えるという展開ではなく，冒頭で「1．課題を知る」ことをねらいにして，授業者は「美しさって何？」と子どもたちに問いかけていた。そうした問いかけに多くの子どもが反応し，手を挙げた。指された子どもは「きれいなこと」などというように，日常的に抱いているイメージを述べたが，そうした意見に対して，教師が「何がきれいなこと？」とさらにイメージを深めるために問いかけ，感性的に表現させた。こうしたやり取りのなかで，『世界一美しいぼくの村』の授業で「美しいとは何か？」が問われていることであると意識できた子どもたちは，「自然がきれい」とか「街がきれい」など，教科書の内容に沿った意見を言うようになった。

　一方で，国語が苦手な学習困難児は，「きれいって何？」という抽象的な問いかけに，他の子どもたちと同じように手を挙げて発表するということはできなかったが，教師と他の児童のやりとりはよく聞いていた。たとえば，教師が「人も美しいと言うよね？」と述べながら，「先生も美しいでしょ」などと冗談交じりの発言を

すると，集中力を持続することが難しい児童が笑顔を見せながら，先生の発言に反応していた。この授業の導入では，こうした「美しいって何？」という点について，「見た目でわかる美しいもの」と「心で感じる（見えない）美しいもの」とがあるというように整理し，作品のなかにある「美しさ」を考える本題へ入っていった。

（2）ハートマークや笑顔マークをつけていく

　この授業では，「美しい」と感じたところを見つけ出すという学習を中心に行ったあと，教師は文章を読んで気に入ったところにハートマークや笑顔マークを付けさせていた。研究授業後の協議会で授業者に確認したところ，笑顔マークについては普段の授業でも使うことはあるということであったが，ハートマークについては『心で感じる（見えない）美しさ』をより意識できるように，この授業で子どもたちに提示したものであったという。

　こうした工夫は，感じたことを「忘れないようにする」ために印を付けるという以上の効果があると考える。そもそも，教科書に書かれている物語は単なるテキスト（文字が連なったもの）であり，読解が苦手な子どもには，文章を無機質な形の連続体としかとらえられないかもしれない。そのため，こうした子どもにとっては，かろうじて理解できるいくつかの文字や表現を何とかつないで内容を「ぼんやりとイメージしている」といった状態であったと考えられる。

　そのため，「心にジーンときた」ところにはハートマーク，「自分が気に入っている表現」のところには笑顔マークというように，「無機質な形（文字の連続体）」に感情を投射し，読者にとって有意味なものに変化させることで物語の世界に入っていくことを助けるのではないかと考える（図9-2）。

　こうした感情を投射できた物語であれば，「美しさ」という少々，抽象的な内容であっても，他者と「話し合う」ことができるようになるのだと考える[1]。もちろん，感情を表現するものはハートや笑顔といったマークでなければならないというわけではない。知覚に関する研究によると，人は形と同様に，あるいはそれ以上に「色」に対して感情的な応答を

図9-2　気に入った個所にハートを記す

することが指摘されている[2]。こうした指摘をふまえると,「美しい」と感じた文章について,(断片的かもしれないが)読んで理解できた内容を「赤」や「黄色」で表現し,印象を色づけしていくといった授業は,文章読解を進める上で意味があるといえるだろう。

　さらにいえば,人は生まれた直後から「音(泣き声)」を発し,それに対して周囲の大人が反応することで意味(コミュニケーション)を成立させている。これは単に,親ならば子どもが泣いている意味を理解できるというものではなく,感受性を基盤にして両者が社会的意味を生成する過程であると考えられている(鯨岡, 1997, 66-67；荒木, 2010, 210-211)。「声」の研究においても,「話す言葉の中身よりも,声の高さや大きさ,速さなどのほうが物を言う場合がある」と考えられているが,こうした発話に伴う言葉以外の特徴(これを「パラ言語」と呼ぶ)も,言葉に勢いや感情を与え,印象を形成するものである(Karpf, A., 2006=2008, 41)。

　こうした指摘を参考にすると,文章読解において「なぜ『美しい』と感じたのか」というように,読んだ内容を言語的に説明させるばかりでなく,その美しさを音楽で表現するとどのような曲が似合うかなどを考える方法でも文章を読解する手がかりとなると考える。

(3)「美しさ」を引き立てる悲劇的なラスト

　さて,今回取り上げた『世界一美しいぼくの村』という作品は,美しい自分のふるさとが戦争によって破壊されてしまうという悲劇的な結末となっている。特に,この物語は,話が穏やかに,ほほえましく展開されていたにもかかわらず,ラスト2行で『その年の冬,村は戦争ではかいされ,今はもうありません』というように,突然に,そして悲劇的に話が終結してしまう。

　授業で子どもたちに「このラストについてどう思うか？」と尋ねれば,勘の良い子どもたちは先生の思いをくみ取って「戦争はいけない」などと,道徳的な意見を述べてまとめてしまう可能性もある。このとき,「美しさとは何か？」を考える国語の授業なのであれば,そして,「心で感じる(見えない)美しいもの」について考えることをねらう単元なのであれば,「どうまとめて良いかわからない」結末ほど,子どもたちの想像を広げるチャンスであると考えることができる。

　たとえば,「戦争でなくなってしまったものは何か？」と問い,子どもたちの話し合いが「心で感じる(見えない)美しいもの」までなくなったのかというところまで広がるのかどうかをみていくといった授業展開はどうだろうか。また,「なくなってしまった」からこそ気が付くことはないかというような逆説的な問いを立

れば,「今, 当たり前にある身の回りの人やものごとのありがたさ」について考えを広げることができるかもしれない。

このように授業を展開すれば, それまで「この村の美しさ」について長々と語っておきながら, 最後の数行で,「戦争ですべてがはかいされた」と言い放つラストの取り扱い方も見えてくるだろう。つまり, それまでの長い記述と相矛盾することを数行で「言い放つ」ラストだからこそ, 余韻のある文章として読者の心に残るのである。授業では,「美しさ」という抽象的な世界を読むために, こうした余韻を拾い上げて読み, 深め, 広げていくことが必要なのだと考える[3]。

この点と関連して, 中田は,「前後の言葉との統一性が理解できなくなる」ことや「調和的に接合しない」ときこそ「多義性の一部が鳴りやんだり鳴りわたるようになる」と指摘している (中田, 2010, 73)[4]。こうした指摘を参考にすると,『世界一美しいぼくの村』で描かれている悲劇的なラストは, それが突然訪れることによって不調和の状態が生じるのであるが, むしろそうしたことにより,「美しさ」という抽象的世界を振動させ, 物語の読解をクラスで深めるきっかけが生み出されると考えられる。

4. 一人ひとりのイメージを鮮明にする「話し合い」の方法

観察日：2014年10月
場　所：茨城県内B小学校6年生
授　業：国語「海のいのち」

(1) 多角的に読み取る基盤をつくる

テキストに含まれる抽象的な表現 (言葉) を感性的にとらえさせ, 内容理解を深めていく授業は,『海のいのち』の授業においても見られた。この作品は小学校6年生の教科書に掲載されており, 主人公・太一の揺れる心が良く描かれている作品である。特に,「主人公・太一はなぜクエを殺さなかったのか？」という問いは, 揺れ動く主人公・太一の心情を小学校6年生の子どもたちが多義的に考えるのに適していて, 研究授業でもよく取り扱われている[5]。

筆者が参観した授業では, 主人公・太一の心情を多角的にとらえるために,「大型ポップを作ろう」という設定にして,「太一」「クエ」「父」「与吉じいさ」の行動

と言葉を相関図にしてまとめていた。これは、「人物相関図を作成する過程で、友だちとの差異に注目し、登場人物の人物像や相互関係を会話や行動、情景描写などと関連づけながら読み取り、…今まで気づかなかった象徴性や暗示性の高い表現にも気づき、考えを広げたり、深めたりできるようにしたい」と考えたからであった（学習指導案の「授業者の思い」より）。

具体的には、大型ポップを作成する過程で、「父を殺したクエ」でありながら、「瀬の主」としての尊大さを感じている主人公・太一の「文章には表れていない気持ち」を多くの子どもたちが想像できるようにしたいと授業者は考えていた。ただし、この授業には、「一斉指導では集中することが難しく、周りから声をかけられても学習がほとんど進まない、書くことが難しい子ども」（D児）や、「一斉指導では集中することが難しく、課題に取り組むまでに時間がかかる子ども」（E児）がいたので、この2名については、いろいろな工夫や配慮が必要であると考えた。そこで、教師はこうした子どもたちを含めてクラスみんなが参加できるように、クラス全体に向けての配慮や工夫と、D児・E児のような児童への配慮や工夫を以下のように用意した（表9-1）。

表9-1　「海のいのち」の授業展開の工夫

クラス全体に向けての配慮や工夫	D児・E児に対する配慮や工夫
・初発の感想で「不思議に思った」としている場面を課題にすることにより、関心を高める。 ・太一のクエへの気持ちがどうなるかというように、問いの限定により心情の変化をとらえやすくする。 ・「はじめ」「きっかけ」「終わり」に分けて図解し、それを手がかりにして文にまとめ、内容をとらえやすくする。	・課題が把握できない児童には、場面絵を提示したり、周りの子と話したりして、課題の共有化を図る。 ・課題に取りかかれない児童には、太一はどのような考えからそうした行動に出たのか、人物相関図や本文中の叙述、今までの読み取りを振り返るよう、助言する。

出典：学習指導案「授業展開」の「教師の支援」の部分を筆者がまとめた。

（2）気持ちの揺れ動きは「群島」のイメージ

筆者が参観した授業は、以上のように綿密に計画された上で、授業時に教師が子どもたちに「なぜ太一は泣きそうになったのか」と問いかけたので、それなりに「手がかり」となる情報を見つけることができ、多くの子どもが太一の気持ちを言葉にしていた。もちろん、なかには「クエが怖かったから、泣きそうになっていた」というように、表面的なイメージを述べることが精一杯の子どももいた。しか

第9章　認識と感情を集団のなかで結ぶ授業づくり

図9-3　主人公の気持ちを多面的にとらえる

し，クラス全体では，「怖かった」という一面的な見方だけでなく，「瀬の主に会えたから」とか，「お父さんと会えた気がしたんじゃないの？」など，多くの子どもが太一の気持ちを多面的にとらえることができた。

　このように，授業では，いろいろな子どもが友だちの意見を聞きながら，それぞれの子どもが主人公・太一の心情を「思いつくままに」述べ，「太一の気持ち」を全体的にとらえようとしていた。こうした心情のとらえ方（主人公の気持ちを「想像する」こと）を無人島と群島にたとえて説明する研究者もいる[6]。すなわち，それぞれの子どもが物語を読んだときに感じたことを，あまり深く検討することなく述べたとする（「無人島」の出現）。これをみんなで出し合うと，雑多な「気持ち」が一つの紙に集約される（一つひとつの「無人島」の集積）。授業では，こうした意見を交流させると，表面的には個々に違う意見（無人島）が，自然とある「つながり」をもつように感じられることがある（無人島が連接した「群島」）。

　たとえば，『海のいのち』の授業で言えば，太一がクエを殺さなかった理由を，「泣きそうになっている」からだと言う子どもがいたとする。こうした意見は文章をていねいに読んでいる子どもからすると，かなり個性的なものであると感じるだろう。しかし，瀬の主とまで思われている巨大な魚・クエを目の前にしたら，「誰でも泣きそうになるはずだ」と考えれば，必ずしも間違ったとらえ方であるとはいえないだろう。

　一方で，クラスみんなで太一のいろいろな「思い」を出し合うと，「父の敵としてクエを殺してやりたい」という攻撃的な太一と，「瀬の主であるクエにようやく会えた」という穏やかな気持ちの太一といった矛盾した太一像が浮かび上がってく

127

るだろう。こうした攻撃的な気持ちと穏やかな気持ちはまったく「異なる」が、どちらも「同じ太一である」と言えるのか、検討する必要に迫られる（図9-3）。

このように、太一の気持ちについて意見を出し合うと、いくつものイメージ（小さな無人島）が出現する。それらはどれも思い浮かんだイメージであるが、全体を決定するほどの強固なものではない。このとき、「泣きそうになるくらい怖かったけど、その姿がすごいとも思った」というように、弱い結び付きのなかで一つのまとまり（群島）が形成され、連なると、意味と結びつくことがある[7]。

もちろん、国語が苦手な子どもたちには、こうした相矛盾する二つの側面（「クエを殺したい」けど、「やっと会えた」という懐かしい気持ち）を統一して理解するには多くの時間と関わりが必要であるかもしれない。特に小学生という発達段階は、こうした矛盾を矛盾のまま抱えておくことが苦手で、「こんなに違う気持ちが同じ人の中にあるのはおかしい」と言う子どもも出てくることだろう。しかし、こうした矛盾を感じた時にこそ、「『こんなに違う気持ちが同じ人の中にあるのはおかしい』という人がいるけれど、どう思いますか？」というように、矛盾や差異をむしろ取り上げて、みんなで考える授業へと発展させていくことが重要であると考える。

5．「弱いつながり（群島）」を形成する授業づくり

本章では、共同的な学びが創出されるプロセスを検討するために、いくつかの授業を取り上げてきた。そのなかで、学習課題に含まれる感性的あるいは多義的な「あいまいさ」の含まれる言葉を問いにしていろいろな子どもが「思い」を重ね合わせるプロセスが共同的な学びへとつながるのではないかと指摘した。

これは、「虚構場面の中で考える」国語（文学作品）だからこそ可能なことであるかもしれない。すなわち、虚構の世界の中であれば、さまざまな考え方（無人島）を自由につなぎ合わせたり、切断することができるからである。つまり、国語の授業において物語文を読むということは、こうした精神世界の発展に寄与する可能性を秘めていると考えられる。

國分は無人島について、「他者がいないから自我もいない状態」なのであり、他者とともに一つの島を形成してはじめて「自我」が発生すると述べている（國分, 2013, 57）。こうした考え方を国語の授業に応用するならば、能力差のある他者との間には、読み方に差異が多く存在するが、むしろそれを活かすことで、新たな学習集団が形成され、新しい接続先を見つけ出すことができるということになる。

そして，こうした授業づくりを基本とするのであれば，授業というものは，みんなが「正解」にたどり着くことができるように支援したり，最終的にはみなが一つに結合するもの（＝ユニバーサル）ではなく，何となくみんなで共通のイメージ（一つの群島）を創り出していく営みであると考えられる。すなわち，「弱いつながり（群島）」のなかで，自己と他者，または個人（主体）と社会の差異を差異のまま受け止め，重ね合わせていくプロセスこそがインクルーシブ授業であり，教師はそうした重なり合いを創出するべく教材を開発したり，授業設計を工夫することが求められると考える。

注
1) ここでいう「話し合い」とは，単なる「言葉でのやりとり」ではなく，複数の人の感性的なイメージが重なり合う「相互包摂的な関係」である。そのため，「言語」でやりとりしたことが正しい概念へと導かれているかどうかが重要なのではなく，「間」や「沈黙」なども重要なコミュニケーションの一部ととらえ，「曖昧な徴標」から意味が見出されていく過程を重要視している。この点については，鷲田や木田のメルロ・ポンティ論を参考にした（鷲田，2003，木田，2000，214-215）。
2) 長滝はメルロ＝ポンティの考え方に依拠しながら，「色を知覚することは色を対象化することではなく，色と『共に生まれ（co-naitre）』，それとの『親密性（familiarite）』のうちに住まうことである」と指摘している。つまり，「視覚をつうじて身体全体が色と直接的に『交感（communion）』している」と考えられる（長滝，1999，28-29）。こうした指摘を参考にすると，色を塗るという行為は物語世界と身体が交感しあうことを促進するものであるといえる。なお，色と感情の関係については第4章おいても言及している。
3) 授業のユニバーサルデザインでは，この単元に関して「その年の冬，村がはかいされた」という箇所を指導するときに，「挿絵⑦」を見て，「ヤモはさびしい／悲しいと思う。なぜなら，（大好きな）村がはかいされ（果物もなくなっ）たから」という板書計画を用意している（桂・小貫，2014，94）。しかし，本章ではこの物語の余韻の残るラストをもっと多義的に話し合うことで学習困難児の授業参加を促進していくことができるのではないかと指摘している。
4) 中田のこうした指摘は，フッサールの現象学やメルロ・ポンティの哲学が基本となっている。
5) 『海のいのち』に関する授業エピソードは第5章でも取り上げているが，本章の事例は第5章の学校とは異なるものである。
6) 千葉はドゥルーズ哲学を論じるなかで，「想像力の領野を，周りから切断された『無人島』に，大陸（コミュニケーションの領野）から離れたところ」というように例えて説明している。すなわち，人が想像する世界は，「切断された，区別された，分離された，複数のめちゃくちゃによるコラージュ」であり，つながりの少ないいくつかの「無人島」が浮かんでいる状態と表現している（千葉，2013，53）。
7) 檜垣はドゥルーズ哲学を論じるなかで，無人島の連接についてふれているが，そこでは表出した言葉の深層でどのような「つながり」を形成しているのかというような「存在の深淵」を言及することにあまり価値を見出していない。むしろ，偶然の連続の中から「意味」は生成すると指摘して

第Ⅲ部 「ともに学ぶ」とはどういうことか？

いる（檜垣, 2009, 132-132）。

参考文献

荒木美和子（2010）『乳児期および幼児期の「交流」の形成と発達の研究』．文理閣．

岡田敬司（2009）『人間形成にとって共同体とは何か—自律を育む他律の条件—』．ミネルヴァ書房．

桂聖・小貫悟（2014）『スタートブック—文学授業のユニバーサルデザイン—』．東洋館出版．

木田元（2000）『現象学の思想』．ちくま学芸文庫．

鯨岡俊（1997）『原初的コミュニケーションの諸相』．ミネルヴァ書房．

國分功一郎（2013）『ドゥルーズの哲学原理』．岩波現代全書．

佐藤学（2014）「学びの共同体の学校改革—ヴィジョンと哲学と活動システム—」．日本教育方法学会編『授業研究と校内研修—教師の成長と学校づくりのために—』（教育方法43）．図書文化社，50-61．

柴田義松（2010）『学習集団論』（柴田義松教育著作集8）．学文社．

千葉雅也（2013）『動きすぎてはいけない—ジル・ドゥルーズと生成変化の哲学—』．河出書房新社．

長滝祥司（1999）『知覚とことば—現象学とエコロジカル・リアリズムへの誘い—』．ナカニシヤ出版．

中田元基（2010）『現象学から探る豊かな授業』．多賀出版．

檜垣立哉（2009）『ドゥルーズ入門』．ちくま新書．

久田敏彦（2014）「学習集団論からみた『学びの共同体』論の課題」．日本教育方法学会編『授業研究と校内研修　教師の成長と学校づくりのために』（教育方法43）．図書文化社，62-76．

廣瀬由美子・桂聖・坪田耕三編著（2009）『通常の学級担任がつくる授業ユニバーサルデザイン—国語・算数授業に特別支援教育の視点を取り入れた「わかる授業づくり」—』．東洋館出版．

鷲田清一（2003）『メルロ＝ポンティ—可逆性—』（現代史思想の冒険者たち）．講談社．

Karpf, A. (2006) *The Human Voice*. A. P. Watt Ltd.（梶山あゆみ訳（2008）『「声」の秘密』．草思社．）

第10章　共同的な学びを創り出す言語活動の展開

1．言語と感性・情緒を結びつける学習活動の展開

　前章において、共同的な学びとは、課題を感性的にとらえ、弱いつながりのなかで他者と「思い」を重ね合わせていくことであると指摘した。本章では、こうした学びを創出するための方法として、「言語活動」や「表現活動」に注目してみたい。
　文部科学省から出された『言語活動の充実に関する指導事例集』では、「言語は知的活動（論理や思考）の基盤であるとともに、コミュニケーションや感性・情緒の基盤でもあり、豊かな心を育む上でも、言語に関する能力を高めていくことが重要である」と記述されている（文部科学省，2011，3）。また、「言語活動」を充実するためには、「感性や情緒を育み、人間関係が豊かなものとなるよう、体験したことや事象との関わり、人間関係、所属する文化の中で感じたことを言葉にしたり、それらの言葉を交流したりすること」が大切であると指摘されている（文部科学省，2011，8-9）。このように、近年では、言語を単体でとらえたり、教えたりするのではなく、広く感情や体験と結びつけながら育てることが求められている。
　これは、「論理と情緒を対立する問題としてとらえることがあるが、必ずしも適当ではない」という考え方が基盤にある。すなわち、言語を論理的に活用する前提となっているのは、「①様々な事象に触れさせたり、体験させるようにすること、②感性・情緒に関わる言葉を理解するようにすること、③事象や体験等について、より豊かな表現、より論理的で的確な表現を通して互いに交流する」といった点が大きく関係しており、体験のなかで認識と感情を一体的にとらえることが必要であるといえる（文部科学省，2011，8-9）。
　こうした認識と感情を一体的にとらえる考え方は、哲学の分野でこれまでにも多く議論されてきた。たとえば、中田は「言葉は思考の単なる外皮や標識ではなく、

第Ⅲ部 「ともに学ぶ」とはどういうことか？

言葉そのものが意味を携えている」と主張する。すなわち，「言葉で表現することは，単にその考えを忘れないようにと，いわばメモを取っておく」だけではなく，「それ以前には自分自身にも不十分であり，曖昧であった自分の思考が，表現の意味によって満たされる」こともあると指摘する（中田，2008，152-153）。

　もちろん，中田は「言葉の概念的意味を明確にとらえることは，どのような場合にも必要であることは，否定できない」と指摘しているが，「感受性が対話を生きいきとしたものにしてくれる」ということも強調している。そして，こうした展開が可能となるのは「おぎないあう呼応」が存在している状態であり，外の世界へと向かって感性的に表現しあうことで，相互に侵蝕しあい，融合的な社会性を生み出すと中田は指摘する（中田，2011，72）。

　それでは，どのような学習活動（言語活動・表現活動）を展開すれば，こうした相互的かつ融合的な学びを展開することができるのだろうか。以下，いくつかの授業を例にして検討したい。

２．さまざまな見方や考え方を重ね合わせる授業づくり

> 観察日：2014年9月
> 場　所：茨城県内B小学校5年生
> 時　間：国語「注文の多い料理店」

（1）目に見えない「性格」を読みとる

　以上の点を検討するために，まず，小学校5年生の国語『注文の多い料理店』の授業を例に考えてみたい。この授業では，「二人の『しんし（紳士）』はどのような性格か？」という主要発問が用意された。全9時間の単元で，筆者が参観した研究授業は6時間目の授業であったので，子どもたちはこの話を数回，通読したあとであり，物語のなかで登場する人物の性格についても，「まじな人」とか「ポジティブな人」「もう一人はちょっと心配性」など，文章（根拠）を指し示しながら答えられる子どもが多くいた。

　しかし，クラスのなかで配慮を要する児童は，テキストを読んだだけでは二人の性格を想像することが難しかった。そのため，これらの児童は，教科書に載っている登場人物のイラストを見て考えるしかなく，「しんしは太っている」とか，「片方

の人の髪の毛は〜だ」など性格ではなく「容姿」を述べていた。このような子どものいるクラスだったので，教師は，以下の3点を示して授業をすすめた。

●二人の性格を表す文章（言葉）を探してラインを引いてみよう。
●その言葉から想像できる性格はどのようなものだろうか。
●そうした性格が表れている文章（言葉）を別のところから抜き出してみよう。

このように，性格という見えないテーマについて「話し合い」をする場合には，考えるべきことを小さなステップにして子どもに提示することはとても重要である。ただし，抽象的な思考が求められる課題の場合，ステップに沿って「ただ，話し合わせる」だけでは，国語が苦手な学習困難児は，結局，周りの友達が話しているのを聞くだけになってしまう。

今回，取り上げた『注文の多い料理店』の授業では，学力が平均的な子どもたちでさえ，「しんしはポジティブな人だ」と誰かが言ったのを聞いて，すっかり「いい人だ」と思い込んでいる子どもがいたということが研究授業後の協議会の振り返りのときに出されていた。そのため，登場人物を多角的に見つめることができるようにする授業の工夫が必要だという意見が参観者から出されていた。

この授業では，グループで「しんしの性格」を話し合うために，各グループに図10-1のようなプリントを作成し，配布した。これは，グループで話し合う内容（「しんしはどのような性格か」）とそれを導き出すための手続き（根拠にあたる文章を見つける）を考えて記入する「学習ガイド」の役割を果たすものであった。こうしたガイドがあれば多くの子どもは教師が設定した主題に沿って話し合いをすることができるので，このプリントは効果があったという意見が出されていた。ただし，学

図10-1　しんしの性格を記入するプリント

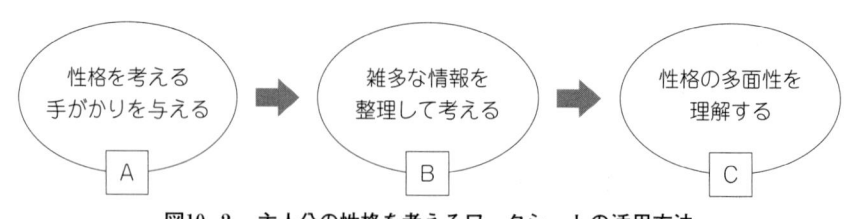

第Ⅲ部 「ともに学ぶ」とはどういうことか？

```
┌─────────┐     ┌─────────┐     ┌─────────┐
│性格を考える│ ──▶│雑多な情報を│ ──▶│性格の多面性を│
│手がかりを与える│   │整理して考える│    │理解する   │
│   A     │     │   B     │     │   C     │
└─────────┘     └─────────┘     └─────────┘
```
図10-2　主人公の性格を考えるワークシートの活用方法

習困難のある子どもは，こうした学習ガイドを示すだけでは話し合いになかなか参加できなかった。

（2）登場人物の気持ちを「一体的」にとらえる

　もちろん，ワークシートを活用すること自体を否定しているわけではない。子どもの学習状況によって，同じワークシートを活用してもいろいろな意味をもつものであるので，ワークシートを用いる意味を授業者は考えることが必要だと考える（図10-2）。すなわち，(A) 配慮が必要な子どもには，登場人物の性格を考えるための手がかりとするためにワークシートが必要であるが，(B) 多くの一般的な子どもたちには情報を整理するツールとして意味があり，また，(C) 発展・応用して考えさせたい子どもには一人の性格をいろいろな角度から見つめた上で，同じ人の中に複数の側面が一体的に存在していることを理解するためにワークシートを用いるということが考えられる。

　このように，「しんしはどのような性格か？」という問いを立て，子どもたちが考え，ワークシートに表現したとしても，そこに記述される内容は感覚的なものから論理的なものまで多様である。たとえば，直観的に「まじめ」とか「欲張り」というような意見が出されることが予想されるが，こうした感じ方というものは，およそ正反対の性格が記入されることもあるだろう。

　このとき，正反対の性格が一緒の紙に書かれたのを見て，「何か変だ」と言う子どもがいるかもしれない。しかし，こうした点を取り上げて，みんなで話し合ってみると，子どもの中には「でも，うちの親もそうだ」とつぶやくこともあるのではないか。そうした「つぶやき」がヒントとなり，能力的に少し高い子どもたちが，いろいろと思考をめぐらせて「人はいろいろな面を一緒にもっている」ということを言語で説明することができたなら，みんなで一つの問題に対して意見を交換し，クラスで考えた授業であるといえるだろう。

　以上のように，それぞれの子どもが自らの感性にもとづき意見を述べ合い，ときには意見が対立し，一種の緊張関係が生まれたときに，それまでの固定観念（思い

込み）を崩さなければならないと強く気持ちが動かされる。筆者はこうした授業こそ学びの共同化へと結びつく授業であり，インクルーシブ授業の創造へとつながるのではないかと考える。

　ここで特に重視したい点は，共同的に学ぶためには，感情を通過した話し合いが展開されているということである。感情研究の知見を参考にすると，「感情の影響を受けた情報」というものは，「判断者の思考に入り込み判断過程に影響を及ぼす」と考えられている（田中，2006，24）。そのため，「登場人物の性格を考えてみよう」と問われても，感情がバイアスとなってある一つの「性格」と結びつけることしかできない可能性もある。一方で，感情は「個人内だけの問題ではなく，社会規範に強く関わっている」ことも指摘されている（木村，2006，197）。そのため，対立する意見を出し合い，「自分を他者と比較する」など再評価の過程をふむことで，人の内面を変化させることができると考える（木村，2006，204-205）。今回の授業で紹介した，登場人物の性格を考える課題においても，一面的にとらえてしまう子どもたちに対して，学習ガイドとなるプリントを用いて，多面的に意見を出し，他者とぶつけあうことができれば，固着していた登場人物のとらえ方からいったん離れ，新しい見方と結びつけるきっかけとなるのではないだろうか（「切断」と「接続」）。

（3）宮沢賢治という作者論からの検討

　この授業は研究授業の次の時間に，「作者である宮沢賢治がなぜこのような主人公を描いたのか？」ということを考える授業が予定されていた。これは，宮沢賢治という作者について検討することが必要であるということでもある。

　研究授業後の協議会で，国語を専門とするベテラン教師に「宮沢賢治という作者」について尋ねてみた。すると，その教師から「宮沢賢治の作品を読むときには，宮沢賢治の人生を知る必要がある」という意見が出された。そうした意見に呼応して，別の教師からは「宮沢賢治の人生は以前の教科書に載っていた」というような話も出てきた。そして，そうした協議の中で人間の「醜さ」や「欲」といった面を誰もがもっているということ，他方で人間には「自己犠牲」や「利他」「自然愛」などといった面も同時にもっていることを作品から感じてほしいという話が出された。

　もしかしたら，小学校5年生の子どもたちが，この作品を通して人間の多面性を理解することは難しいかもしれない。しかし，ワークシートなどを活用し，そこに記入された性格を見比べてみて，「これって正反対の性格ではないか」「矛盾する性格を同じ人の中に書くのはおかしいのではないか」「どっちが主人公の本当の性格

なのだろうか」というように，いろいろと話し合うことができれば，「人間の多面性（でも，それを一体的にとらえることの大切さ）」を部分的にでも感じ取っていると考える。そして，こうした話し合いを深めていくうちに，「人間ってどっちもあるんじゃないの？」ということに気付く子どもが出てくれば，宮沢賢治の作品を子どもたちなりに「読んだ」といえるのではないだろうか[1]。

そして，こうした学習を通して，子どもたちは日常生活における人間関係のとらえ方も深まってくると考えられる。たとえば，「Jさんはいつも変な答えを言うけど，Jさんなりに考えているのではないか」とか，「他人ができると妬ましく思える自分と，その人をすごいと称賛する自分がいる」などというような多面的な他者理解は，他者に対する寛容性や受容的態度と結びつきやすくなる。このように国語の物語の読解を通して，人間を本質的に理解し，自らの生活（生き方）を改善しようと思う一助（エンパワーメント）となることもあるだろう[2]。

もしかすると，国語の授業を通じて人間の本質を理解できるという考えは，飛躍していると思われるかもしれない。しかし，宮沢賢治研究においては，賢治の作品には「『私』の意思を越えて雑多に現れ変化する現象との関係をいかに交通整理すべきかに悩む青年期において，宇宙の（あるいは『私』を取り巻く世界の）統一的原理を求める思索を模索する過程」が見て取れると指摘されている（奥山，2014，266）。賢治の物語に引き込まれ，パラドクスの面白さを感じるとともに，すべてを読み終わった後に残る「居心地の悪さ」こそ，賢治が描きたかった人間の本質であるならば，矛盾する性格が一体的に描かれている登場人物をそのまま受け止めるといった国語の授業を展開する意味もあると考える[3]。

3．感動したことを表現し集団で共有する

> 観察日：2014年9月
> 場　所：茨城県内B小学校6年生
> 時　間：国語「子ども句会を開こう」

（1）作り方を教える「俳句づくり」から抜け出す

「人間の本質を一体的に理解する」という点を考える場合には，俳句のような短い言葉の表現活動のほうが，より顕著であるといえるかもしれない。そこで，小学

校6年生の国語「子ども句会を開こう」という授業を取り上げて検討したい。

　国語で「俳句を作る」授業を行うときには、まず教師は、有名な俳句を紹介しながら、俳句のルール（5・7・5の17音で創作する詩であることや、季語を加えること）を子どもたちに指導し、そのルールに従って、自分たちでも俳句を作ってみようと授業を展開することが多いのではないだろうか。そして、このようなプロセスで創作した俳句を友だちに披露したり、句会を開催するというような展開にすれば、授業形態としては「言語活動（学び合い）」を展開していることになるが、果たしてこうした流れで、子どもたちは「俳句（ことば）」を創り出すことができるのだろうか[4]。

　国語が苦手な学習困難児は、もともと書きたいと思う内容を言語でイメージすることが苦手であるので、俳句のルールを学ぶだけでは言葉を紡ぎだすことは難しい。そこで、教師が「思っていることに関連する季語を見つけてごらん」と助言して、季語になりそうな言葉の一覧表から子どもが「じゃぁ、これで」と季語を選べれば、「作品（俳句）」を作ることはできるかもしれない。しかし、これが本当に子どもが表現したいことであったかと問われると、疑問が残ることだろう。

　それでは、俳句とはどのようなものなのだろうか。初心者に向けた俳句の本には、俳句の特徴が次のように紹介されている（表10-1）。

表10-1　俳句の特徴

俳句は叙景詩である	俳句は風景や物に想いをのせたものである。季語が必要なのは、風景を切り取り、詠むものだからである。
俳句は余韻が大切	俳句は作者の気持ちを直接的に表現するのではなく、風景や事物と重ねあわせながら婉曲的に表現することが好まれる。
俳句は瞬発力がある	俳句は短い言葉に思いを詰めて一気に表現するものであり、語尾を切ることも多い。

出典：坊城ほか，2013を参考にして新井がまとめた。

　つまり、俳句というものは、自然や事物に対する「感動」した経験を短い言葉にして表現するものである。これは、作った俳句を披露する際に「読む」ではなく、「詠む」という漢字を用いることとも関係している。すなわち、「詠」の字は、「詠嘆」という熟語があるように、単に「音声に出して言う」ことにとどまらず、「物事に深く感動したことを、声にして表す」という意味がある。

　このように考えると、俳句は「季語をどれにするか？」ということから考えるのではなく、「自然や事物に関係することで、今までどのようなことに感動したか？」

第Ⅲ部 「ともに学ぶ」とはどういうことか？

ということを想像することが大切であるといえるだろう。もちろん，俳句を作る以上，「季語」が必要であることや，「5・7・5」の17音で表現するというルールを知っていなければならない。そのため，「俳句を作ろう」という単元のはじめの授業では，俳句のルールを学習する時間があっても良いし，ルールに則ってとりあえず一句作ってみるという機会があっても良い。しかし，子どもたちがルールをある程度理解できるようになったら，以下のようなプロセスで作品づくりを進めていくことが大切なのではないだろうか。

① 心動かされた情景や出来事をイメージする
② そのイメージをとにかく言葉にする（単語でも，長々とした文章でも良いので）
③ どのような言葉にすれば俳句になるかを考える（季語と5・7・5を考える）

一見すると，学習困難児は，「感動を言葉にして表現する」という取り組みは難しいように感じるかもしれない。もちろん，授業で教師がただ「感動を表現してごらん」と指示するだけであったら，配慮を要する子どもたちは何をしてよいかわからなくなるだろう。しかし，その一方で，感動をベースに考えた方がいろいろな言葉を紡ぎ出せると考えることもできる。

たとえば，「運動会」がとても楽しかったという子どもがいたとする。いきなり，「じゃあ，運動会をテーマにして俳句を考えてみようか…？」というように指導するのではなく，「運動会は何が楽しかった？」と尋ね，「リレーがハラハラした」と子どもが答えたら，それをテーマに俳句を創ってみようと指導することができるだろう。秋に行った運動会であれば，「楽しかったリレーを思い浮かべながら何か『秋』に関係することを思い出せないかな…？」というように尋ねれば，「運動会」とは別の季語を使って表現できるかもしれない。

もちろん，このとき教科書や辞書などを使って，口にした言葉がどのような季語として使われているのかを調べる時間があってもよい。しかし，あくまでも自分の感動に一番近い「言葉」を見つけるように働きかるということが俳句作りでは重要であろう。仮に，国語が苦手な子どもが「感動したことがあって，表現したい言葉（季語）も見つけられたが，5・7・5の形に合わせられない」というのなら，そのときは周りの子どもに手伝ってもらって「語呂」を合わせることがあっても良いのではないかと考える。

このように，授業では「形式的・論理的」に俳句を作るのではなく，「感動したことを表現する」ということをベースにして作品を作ることが重要である。俳句の

図10-3　いろいろな観点から俳句を評価する

　指導方法として考えると，俳句を作る上で必要な形式的・論理的側面は周りの人の援助を受けても良いが，自分のなかで感動したことがらを表現することだけは，その子どもにしかできないことであり，そうした「思い」を作品に表現することが「俳句をつくろう」という授業の肝であると考える。

（2）さまざまな形で「思い」を表現し，評価する

　以上のように，俳句づくりはそれぞれの子どもの「思い（感動）」を表現することである。そのため授業では，子どものイメージを断片的な言葉にしてひろい，つなげることが重要である。俳句づくりをこうした表現活動としてとらえると，必ずしも「5・7・5」の言葉をきれいにつなげられているかどうかが唯一の評価の観点であるとはいえなくなる。

　たとえば，B小学校で俳句作りに取り組む授業を参観したときに，教師は自分で作った俳句のイメージに一番合う色の短冊（画用紙）を選ばせていた。色というものは，人の気持ちを動かし，感情を反映させるものであることはこれまでにも指摘してきたが，短冊の色を選ぶということも一つの表現活動への参加であると考えられる[5]。

　また，筆者が参観したクラスの教師は，研究授業後の授業で「子ども句会」を開き，みんなで作った俳句を披露するという授業が予定されていた（図10-3）。こうした，いろいろな人から「ここが良かった」と評価してもらう機会を設けることはとても重要であるが，「5・7・5」の全体的なまとまりが良くできているという

点だけを評価するのではなく,「インパクトのある言葉を使っている」など,俳句に必要な観点を多様に盛り込んで句会を催すことが重要であろう。

つまり,部分的なところでも,俳句のなかに「キラリと光る」ところがあればそれをみんなで認め合って,「良さ」を指摘し合うような句会となることが大切であるということである。もしかしたら,学習困難児の俳句には,「ハラハラ」とか「ドキドキ」というような感情を表す言葉が,直接入るかもしれない。そして,このようなフレーズは,「俳句らしくない」と思えるかもしれないが,逆に,「俳句の作り方」に縛られ,自由な発想を自ら抑圧してしまっている子どもたちには,瞬発力や余韻を感じることになるかもしれない。子ども句会においても,「インパクト賞」など,多様な賞を用意しておけば,言語力があまり高くない子どもでも授賞するチャンスが生まれると考える。

4．自己の独自性が他者との重なり合いから生まれる授業づくり

本章では,どのような言語活動を展開すれば,学習困難児を含めて共同的に学ぶことができるのかという点を検討した。そこでは,単に「話し合わせる」活動があればよいのではなく,また,「表現してごらん」と個別的に促せば,クラスのみんなの前で表現できるようになるというわけではなかった。そうではなく,子どもの心が揺さぶられる場面を取り上げ,自分の思いを表現する学習活動を用意することが必要であると指摘した。

これは,言語力が低い学習困難児に対しては,個に閉じられた認識にアプローチするだけでは,学習に参加できなくなることがあるということを意味している。むしろ,「不条理」や「抑圧」,「感動」といった日常とは異なる衝撃的な出来事(物語の展開などを含む)に出会い,その衝撃を感情的に表現するなかで,他の子どもたちと学びを共同化していくことができるということを本章の授業エピソードは示唆していると考える。

原田は排除されてきた学習者を国語の授業のなかに包摂すると,そうした「学習者の存在によって,他の学習者に新たな学びが生まれる」ことがあると指摘する。原田はこれを「再包摂」と呼んでいるが,「包摂される学習者と再包摂される学習者とが交互に生まれるようなサイクルがことばの授業に生まれたとき,はじめてインクルーシブな国語科授業と呼ぶことができる」と指摘している(原田, 2015, 81)。こうした指摘をふまえると,インクルーシブ授業を創造するためには,教材を深く

解釈し，そこに含まれる不条理や抑圧，感動などを取り上げ，表現活動としてみんなで感じあったことを述べ合い，対立しながらも，どのような意見や表現であっても学びの中心に位置づく機会がある授業を展開することが求められると考える。

注
1) 奥山は宮沢賢治の詩と童話は，異界（異空間）と現実が二重化されて描かれていると指摘する（奥山, 2014, 113）。そして，こうした作品は「すべてが表層的世界の出来事として展開され」ているが，「賢治童話の底流において，パラドクスの言葉とそれが生み出す出来事＝意味の生成という根本的な問題（ある意味では哲学的な問題）に直面している」と指摘する（奥山, 2014, 129-130）。宮沢賢治の作品をこのようにとらえると，物語を読んで紳士の性格を表面的に拾い上げながら，人間の本質を考えるという授業は，作者の思いに通じるものであると考えられる。なお，奥山はこのように宮沢賢治の思想をとらえることについて，本書でも取り上げてきたドゥルーズの考え方に通じるものがあると指摘している（奥山, 2014, 128）。
2) 永田は「エンパワーメントとしての読解力」は，「テキストや，他の学習者や筆者など他者とのかかわりによって外的抑圧へのまなざしを育てることで深められる」としている（永田, 2012, 52）。こうした点からも，単に文章を読んで考えるというだけでなく，世の中の不条理や抑圧，矛盾などに目を向けながら国語の文学作品を読むことの意義はあると考える。
3) 奥山は宮沢賢治には，「梵我一体」の思想，つまり認識と世界を分割するのではなく，主観と万物は渾然一体としているという考えがあったことを指摘している（奥山, 2014, 264-265）。
4) 文部科学省から発行されている『言語活動の充実に関する指導事例集』に「俳句を音読・暗唱したり好きなものを紹介したりする事例」が掲載されている（文部科学省, 2011, 43-44）。
5) 色と感情の関係については，第4章および第9章でも同様に議論している。

参考文献
奥山文幸（2014）『宮沢賢治論―幻想への階梯―』．蒼丘書林.
木村晴（2006）「感情の制御」．北村英哉・木村晴編『感情研究の新展開』．ナカニシヤ出版．193-210.
田中知恵（2006）「感情と認知の主要理論」．北村英哉・木村晴編『感情研究の新展開』．ナカニシヤ出版．21-42.
永田麻詠（2012）「ジェンダーの観点から見た小学校国語科教科書の考察」．『日本教科教育学会誌』第35巻第1号，51-60.
中田元基（2008）『感受性を育む―現象学的教育学への誘い―』．東京大学出版会.
中田元基（2011）『子どもの心を探る―豊かな感受性とは―』．創元社.
原田大介（2015）「『言語活動の充実』とインクルーシブな国語科授業―小学校5年生のLDの学習者の事例から―」．インクルーシブ授業研究会編『インクルーシブ授業をつくる―すべての子どもが豊かに学ぶ授業の方法―』ミネルヴァ書房，72-82.
坊城俊樹・やすみりえ・東直子（2013）『俳句・川柳・短歌の教科書』土屋書店.
文部科学省（2011）『言語活動の充実に関する指導事例集～思考力，判断力，表現力等の育成に向けて～【小学校版】』.

第11章　中学校生徒の「つながり」を生み出す教育実践の創造

1．中学生の生徒指導上の課題と教育的アプローチの方向性

　前章までに，共同的な学びを創出するためには，感情がゆさぶられる出来事に直面し，それをみんなで考えていく学習が必要であると指摘した。しかし，実際の教育現場では，感情を揺さぶられると自己を保てなくなり，不登校となったり，不適応行動を引き起こす子どもも多くいる。特に，中学生は「学校に行って勉強しなければならない」ということはわかっていながらも，「どうせできないから，行きたくない」というように，認識と感情が「不統一」の状態のまま固定し，生徒指導上の問題が顕在化することも多くある。

　こうした生徒指導上の問題を抱えるケースは，必ずしもすべてのケースが発達障害児というわけではない。たとえば，感情が不安定になると教室で暴力をふるってしまう生徒が医療機関にかかって「ADHD」と診断されたとしても，家庭や社会からの影響でそうした問題が顕在化していることもあり，慎重に判断しなければならないと指摘されている[1]。たとえば，生島は非行少年の3分の1程度は「認知に主観性が強く，考え方が硬直していて融通が利かず，何かと特殊なことにこだわって，そこから抜けられない」といった人格特性があると指摘している（生島，1999，77）[2]。こうした非行少年たちは生育環境等からの影響で他者と「深い心の交流ができず，心と体がちぐはぐな状態」になっていて，一種の解離状態が生じているという指摘もある（橋本，2004，118）。

　斎藤は，こうした精神状態を「相互交流の一方的分断が情報処理を麻痺させて，自発的に去る（分離する）ことも，接近しつながることもできない，宙吊りの孤絶化」と表現し，こうした状態は「重篤な精神病水準の人格解体的病理をもたらす一因ともなる」と指摘されている（斎藤，2007，273）。また，西澤はこうした症状を

第11章　中学校生徒の「つながり」を生み出す教育実践の創造

示す子どもに対しては，トラウマなどによって「歪曲されていた認知的枠組み」があるととらえ，そうした枠組みを修正し，「トラウマを受けた自己」という「断片」を「過去の物語」のなかに統合する治療的な関わりが必要であると指摘してきた（西澤，1999，158）。

中学生などに見られる感情の不安定さからくる学習困難を以上のようにとらえると，こうした子どもには「障害特性にもとづく特別な支援」をどのように提供するかというアプローチではなく，他者や社会に対するイメージをポジティブなものに「書き換える」ための教育的アプローチが必要であると考えられる。もちろん，生徒指導上の問題を抱える生徒のなかには，教育的なアプローチでは自己の歪んだ認知や感情を再統合することが難しいケースがあることは認めなければならない。

しかし，これまでにも，合唱コンクールや校外学習，体育大会などの特別活動を契機にして，生徒指導上の困難を抱える生徒が学級のなかに入っていくことができたという実践は多く報告されてきた（上田，2009：熱田，2009など）。こうした実践は，日常的な学校生活を通して蓄積される自己の断片を過去・現在・未来の時間のなかに位置づけ，自己の内部に統合することによって，新しい社会とのかかわり方を見出し，自己を再統合する過程を創り出すことができた事例であるといえるだろう。

これは，中学校が日々の教育実践をどのように展開するかによって，生徒の認知と感情の統合の様相が変わるということを示唆していることでもある。そこで，本章では，学校の教育活動に参加できなくなっている中学生に対し，学校や教師がどのように生徒指導あるいは教科指導を展開すれば，自己と他者（社会）を再統合していくことができるのかについて検討したいと考える。

2．学校の「周辺」にいる生徒の表現活動

> 観察日：2014年9月
> 場　所：茨城県内D中学校
> 時　間：特別支援学級（知的）生徒の事例検討

（1）学校の課外活動と「つながる」

中学校における特別な配慮が必要な生徒の指導は，必ずしも授業を接点にして行

第Ⅲ部　「ともに学ぶ」とはどういうことか？

図11-1　バンド活動を通して学校とつながる

えるというわけではないと筆者は考えている。教室に入れなくても，保健室や特別支援学級などであれば学校に通うことができるのなら，それも「学校への参加」と考え，そうしたリソース（教育資源）を有効に活用することがあってもよいと考える。もちろん，子どもにとってよかれと思って教師がいわば勝手に，「通常の学級に入れない生徒は保健室や特別支援学級で対応する」と考えるものであってはならない[3]。あくまでも，どのようにしたら生徒が学校という場に「参加」したいと思うかという視点から実践を考えることが重要である。

　そのため，行事や部活動，あるいは給食の時間だけであっても，中学生が学校に来たいと思い，学校のどこかに自分の居場所を感じられるのであれば，そうした時間や場所を確保することは重要である。たとえば，筆者が訪問したD中学校では，社会性あるいは情緒面でさまざまな課題を抱える特別支援学級の生徒が音楽に興味をもっていたことから，その生徒たちと音楽活動を始めたという話を聞いた。この活動は，最初はそれぞれの子どもが好きな楽器をさわり，音を出して楽しむ時間を設けるというものであったが，何人かの生徒が楽器を弾けるようになると「みんなで曲に合わせて合奏してみよう」というように「バンド活動」へと発展していったという（図11-1）。

　もちろん，すべての子どもが楽器に興味をもったわけではなく，実際に特別支援学級の生徒のなかにも音楽があまり好きではない生徒もいた。しかし，こうした生徒でも友達がバンド活動に夢中になっている姿を見ると，参加してみたくなるものであり，自分は音楽はやらないけれど，「社長」としてこのバンドをプロデュースすると言ったそうである。こうした一種のサークル活動を文化祭など，時機をとら

えて公のものにしていくと，本人たちの自信もつくし，周りの生徒の見方も変わってくるだろう。

　以上のような中学校における実践から次のことがみえてくる。すなわち，中学生のなかには，たとえ（教師から見て）「不適応行動」を繰り返していたとしも，活動によっては教師や友人とつながりたいと思っている。そのため教師は，生徒が「つながり」を形成しようと思う機会を探り，ある一時期，ある一場面だけでも良いので，「夢中になって取り組める活動」を思いっきりできるようにすることが大切なのではないか。こうした活動を通して，生徒指導上の課題を抱える生徒が学校や教師，友だちに対するイメージを修正するきっかけを生み出すことができるなら，困難を抱える中学生の人格形成に影響を与える指導となるだろう。

（2）授業のなかに「つながり」を生み出す

　もちろん，行事や部活動に参加すれば中学生の生徒指導上の問題がすべて解決できるというわけではない。最終的には毎日多くの時間を割いて展開されている授業と「つながる」ことができなければ，本当の意味で学校にインクルージョンできたとはいえないだろう。それでは，中学校の学習困難児はどのようにして授業とつながることができるだろうか。

　D中学校の特別支援学級の生徒Mは，普段は落ち着きがなく，クラスで周りの友達によくちょっかいを出して（教師にとっては）「授業妨害」をする生徒であった。筆者が訪問したときは，通常の学級の社会科の授業に交流参加していたが，その生徒は他の教科に比べると社会科は好きなほうの教科であり，比較的調子がよかったその日は授業に参加していた。

　その授業は「貴族の生活」について学習する歴史の時間であった。生徒Mは授業の内容を十分に理解できていたというわけではなかったが，「貴族はどんな生活をしていたのか？」という問いには興味がもてたようで，周囲の生徒が教科書を読んでいるときに，生徒Mだけは資料集を開き，「貴族の食べ物や衣装」のページを見ていた。その後，教師は「どのような生活だったか」と生徒に問いかけ，資料集を見ていた生徒Mを指名し答えさせてみた。このとき，生徒Mはまわりの生徒が資料集をあまり見ていなかったこともあり，他の生徒とは違うことを発表することができた。教師も「Mさんは資料集から情報をつかんでいて，よく答えたね」とほめていた。

　もちろん，このたった一度の授業参加が生徒Mの不適応行動を大きく変化させるとは考えられないが，こうした授業参加の積み重ね（授業との「つながり」）が

第Ⅲ部 「ともに学ぶ」とはどういうことか?

「学校や教室の授業のイメージ」をポジティブなものへと修正していく過程であることは間違いないだろう。今回、取り上げた社会科の授業エピソードは、生徒Mの調子がたまたまよかったから教室にいて、たまたま興味のある問い（「貴族はどんな生活をしているか」）が発せられ、たまたま資料集を眺めていたら先生が指名してくれて、褒められた、という偶然の連鎖のなかで生じた出来事であった。しかし、そうした「偶然の出来事」を教師が拾い上げ、生徒の内面でポジティブな連鎖が生じるように、意図的につなげていくことが生徒を変容させるきっかけになるのだと考える。

　船木は「どんな歴史ももともとは物語であるとはいえ、もろもろの出来事を組み合わせて一つの究極の物語（理論ないし歴史）」が生まれていると指摘し、そのため、「聖書のような超―出来事はありえない」と述べている（船木, 2014, 225）。また、篠原は偶然のなかで他と異なる状態を生み出すことで、それまで見えていなかった個体が顕在化すると指摘している（篠原, 2005, 116-117）。

　こうした指摘をふまえると、今回紹介した生徒Mに対しても、このような指導をすれば学校に適応できるというような、あらかじめ決定された物語はないと考えるべきであろう。そうではなく、さまざまな偶然の出来事に遭遇しながら（教師はその偶然を意図的に演出していたとしても）、その出来事を生徒が受け止め、自己の内面に取り込み、自己を再構成することが教育活動への参加と結びつくのではないかと考える。

3. 切実な問いを紡ぎ出していく社会科の授業を創造する

　前節のような教育実践を展開するために、教師ができることは、自己を明確にすることができる（つまり、これまでの自分とは「差異」を感じられる）教材や学習課題を用意し、生徒に教材や学習課題と（偶然に）出会わせ、生徒の内面が再統合されるように授業を展開することであると考える。ここでは、こうした授業を展開する方法について、ある中学校社会科の授業を取り上げて検討したい。

　生徒N（中学2年生）は学習障害の疑いのある生徒で、普段はおとなしく席に座って授業を受けていて、歴史的人物の名前と顔を一致させたり、地図を見て地名を記憶することはとても得意であった。その一方で、抽象的な理解が難しいことが影響し、国語や数学をはじめ、あらゆる教科学習に遅れを示していた。そのため、社会科の授業においても、歴史の流れを理解するなど、事実や事象を総合して、社会

的なものの見方をしたり，そうした考え方を述べることはとても難しい生徒であった。

　ある授業で「鉄砲伝来」について学習したときのエピソードである。この授業では，資料集を活用して，当時，使用されていた火縄銃のしくみなどを取り上げ，生徒の興味をひきながら授業を進めていた。この授業では，歴史的なとらえ方について，鉄砲が日本に伝わったことで，戦国時代の戦法が変わり，天下統一へと進んでいったことを学習した[4]。

　学習障害の疑いのある生徒Nは，授業の後半にみんなで考えた歴史的なとらえ方（鉄砲伝来の歴史的な意味）についてはよく理解できず，話し合いにも参加できていなかった。しかし，当時の鉄砲については興味をもったようで，資料集に掲載されていた火縄銃を良くみていた。そのため，「鉄砲が日本に伝わったことで，どのような変化が起きましたか？」という問いに対して，わからないなかでも一生懸命，考えている様子がうかがえた。

　これまで，社会科の授業構成に関する研究では，「なぜ」という大きな問いのなかで授業を展開していくことが必要であると論じられてきた（森分，1978，140）。しかし，「鉄砲が伝来したことで戦法が大きく変化し，天下統一へと進んでいった」というような戦国時代を相対化し，鉄砲伝来を歴史の流れのなかに位置づけることは生徒Nにはとても難しい課題であった。こうした生徒が授業に参加できるようにするためには，もっと「生」と結びつく問いを立てることが必要となると考え，先述の問いを投げかけた。

　結果として，生徒Nはこの問いに対して，何とか想像をめぐらせ，「大騒ぎになった」と答えた。もちろん，こうした歴史的事実は教科書や資料集にはっきりと掲載されているわけではないので，不正解だとして一蹴することもできる。しかし，資料集などを用いながら歴史的事実に目を向け，生徒が当時の人々の感じたことや考えたことを一生懸命，想像した結果，導き出された一つの答えであるならば，それは「社会（歴史）的なものの見方や考え方」をしたととらえることができるのではないだろうか。

　この点について，片上は「ナゼ（ドノヨウニ）型の問題の解決（追究）で事足れり」とするのではなく，もっと「問いを紡ぎ出していく行為」を大切にするべきであると述べている。こうした視点から授業や課題設定の方法を見つめ直すと，「鉄砲が日本に伝わったら，世の中はどんなふうになっただろうね」という多少，あいまいな問いを設定することの意味も出てくるのではないだろうか。

　もちろん，こうした解答に対して，定期試験などで何点の評価をするかという話

は別の次元で検討しなければならないと考えている。しかし，社会（歴史）的なものの見方や考え方は，現代にはない事実や事象にふれ，感覚や印象のレベルでもよいから想像したことを述べるということから始めれば，生徒Nの「素朴な答え」も取り上げるべき発言となる。先に引用した片上は「もっと追究してみたい，考え続けたいと思えるような課題」＝「切実な問いが成立している状態」を生み出すべきであると指摘しているが（片上，2006, 18-20），こうした指摘をふまえると，当時の人々の切迫した状況を想像しながら学習するということが学習困難児の社会科（歴史）学習を切りひらく糸口になるのではないかと考える。

4．社会科における言語活動の展開

（1）縄文時代の人々の食生活に思いを寄せる

これまで本書では，学習困難児の授業参加を高める方法として，言語活動が有効な手段の一つであるということを多くのところで指摘してきた。これは，中学校社会科の授業においても同様である。たとえば，縄文時代の人々の暮らしについて取り上げる単元では，縄文時代の人がどのような物を食べていて，どのような道具を使用していたのかを学習したうえで，単元の最後に「縄文時代の食べ物と道具を使って，当時のグルメメニューを考えてみよう」という活動を行ってみたらどうなるだろうか。

具体的には授業で学習した内容をもとに，資料集などから以下のように情報収集し，生徒に当時の人々はどのようなメニューを考えただろうかという問いを投げかけたとする（表11-1）。

表11-1　縄文時代の食材と道具

食材	魚	スズキ・タイ	道具	ナイフ（の石器）
	木の実・山菜	ドングリ・クリ・クルミ		矢じり
	肉	シカ・イノシシ・カモ・ウサギ		土器
	貝	ハマグリ・アサリ・　など		釣り針　　など

出典：小松ほか，2012, 12-13より抜粋し筆者がまとめた。

こうした言語活動を展開したら，肉や魚を塩焼きして食べるというようなメニューを考える生徒もいるだろう。一方で，「シジミの味噌汁」というように，調

第11章　中学校生徒の「つながり」を生み出す教育実践の創造

図11-2　縄文時代の人が食べていた物

味料が必要なメニューを考える生徒もいるかもしれない。また，魚が食べられると知った瞬間に「寿司」と感覚的に答える生徒もいるかもしれない。こうした生徒の「思いつき」や「感覚的な発言」を拾い上げ，縄文時代に塩や味噌はあったのか，寿司に使う米はいつから栽培されていたのかを，生徒どうしで話し合わせ，必要に応じて調べさせれば，共同で昔の暮らしについて話し合い，想像力を広げる授業を展開できるのではないだろうか。

　もちろん，上記のように当時の食材や道具を文字にして整理しただけでは学習活動を進めていくことが難しい場合には，イラストを使って提示することがあっても良い（図11-2）。こうしたイラストは，小学校で歴史を学習する場合にはよく用いられるものである。そのため，中学生の学習でどのように活用するべきであるかについては検討の余地が残されるが，資料集などを使いながら「縄文時代の人々の食生活を想像する」ことができるように工夫することが必要なクラスもあるだろう。

　こうした授業を展開することで，現代に生きる中学生が「縄文時代の人々の食生活」を想像し，グルメメニューを考えて，自分なりに表現することができれば，それは社会科の学習に参加したことになり，結果として「社会的なものの見方・考え方」を育てることにつながるといえるのではないだろうか。

（2）地理における社会的なものの見方・考え方と言語活動

　こうした食材と道具を提示して，そこからメニューを考えるという「言語活動」は，地理の時間でも可能である。たとえば，ヨーロッパの農産物を学習した際に，フランス料理で出てくる有名な食べ物がヨーロッパで主として取れる食材であるのかという視点から考えさせるなどがその一例である。

　たとえば世界地理の授業では，ヨーロッパという地域が気候によって三分割され，

それぞれの地域で気候の特徴を活かした農業が行われていることを学習することが題材となっている（加藤，2014，53）。そうした学習を「フランス料理」の食材という観点から学習し、気候の違う近隣諸国から多くの農作物を輸入していることと併せて学べば、ヨーロッパがEUとして統合されていることの意味についても理解しやすくなるだろう。そして、こうした基礎的な学習の上で、フランス国内で主として取れる食材だけで作れるカントリーメニュー（家庭料理：ソウルフードなどと表現しても良い）を調べたり、フランスとスペインで取れる農産物を組み合わせて「フライン料理（フランスとスペインを掛け合わせた料理という意味——筆者の造語）」を考えてみようという学習を展開することもできる。

　以上のように、社会科の授業では、ある地域を学習したら、その地域の食材を使って「メニューを考える」という学習を展開することができる。こうした学習を「単元を貫く言語活動」として、あらかじめ子どもたちには単元の最初の時間に「○○地域を学習したら、そこで取れる食材などでメニューを考えてもらうからね」と伝えておくことで学習を意味づけることができるだろう。

　こうした食事のメニューを考えるという課題は、生徒にとってはイメージしやすいものであるので、想像するのがとても難しい縄文時代や、テレビなどでしか見たことがないヨーロッパという国を取り扱う際にとても有効であると考える。『中学校学習指導要領解説（社会編）』においても、「特に衣食住にかかわる内容は生徒の生活経験と結びつけやすいので、有効な主題になる可能性が高い」と指摘されている（文部科学省，2008，33）。

　これは、社会科の学習を単に教科書のなかにある情報を得るといった認識面の学習に留めるのではなく、「生きるために食べる」ということをベースにした学習として広げていくことで、生徒の学習参加の度合いは高まっていくということを意味している。すなわち、学習している地域の気候や産業、輸出入の品目といった基礎・基本の知識をインプットして終了するのではなく、中学生の「生」と結びつく言語活動としてアウトプットする授業を展開することで、今まで以上に学習困難児の授業参加は高まり、社会的なものの見方・考え方ができるようになるのではないかと考える。

5．教科の本質とふれることで自己変成が生じる

　以上のような授業展開が必要なのは、中学校の教科学習（社会科）が抽象的であ

第11章 中学校生徒の「つながり」を生み出す教育実践の創造

り，かつ学ぶ意味がわかりにくくなるという特徴があることと大きく関係していることは否定できない。ただし，小学校の社会科であれば，学習テーマが身近なことであるので，そうした授業展開は必要ないかというと，必ずしもそうではない。

たとえば校外学習で勉強したことをまとめるという社会科の授業では，発達障害の子どもなどは何を書いたら良いかわからない子どもが多くいる。宮本は自身の実践のなかでスーパーの見学では新聞を書くことができなかった自閉症の子どもが，市場に見学に行ったときは生き生きとした記事を書くことができたという例を挙げながら，自閉症の子どもでも「新聞記事として切り取るに値する場面なら書ける」と論じている（宮本，2015，118）。つまり，子どもにとって価値のある学習を展開できているかどうかが，学習参加を左右するという点は小学校でも同様である。

この授業と関連して，小学生が流通のしくみについて学習する授業の例が社会科授業のユニバーサルデザインでも取り上げられている。そこでは，「店長になったつもりで，曜日や季節などに合わせた商品が弁当・おにぎり以外にないか考え，発表する」といった取り組みが紹介されている（村田，2012，46）。本章のテーマとの関連で考察すると，この実践が学習困難児の理解を深めるとしたら，それは曜日や季節に合わせた商品を考えやすくするための「視覚化」された支援があるからではなく，「店長になったつもり」という社会文化的な側面が学習内容に深く入り込む装置となったからではないかと考える[5]。

もちろん，「店長ごっこ」をすれば社会科の本質にふれられるというような単純なものではない。重要なことは，店長になるということを実感できる授業を展開し，子どもが「店長の思い」を真剣に考え，物流や経営といった「社会科の本質」にふれることであると考える[6]。熊野は，「じぶんがじぶんであることがそこで確認される」ためには，個人を超えた「始原的な」かたちで，そして「自身が紡ぎあげた物語りを超えた，引き継がれた物語り」として，他者や世界と関わることが重要であると指摘している。そして，そうした関わりが「反復不能で，現在のうちに回収することのできない生のかたち」となると指摘している（熊野，2003，122）。

こうした指摘をふまえると，一見，日常から遊離した抽象的思考が求められる中学校の教科学習を学習困難児のいるクラスで展開する意味が生まれる。すなわち，「始原的なかたち」で教科学習が展開されれば，私たちの「生」を問い直すきっかけとなり，たった一度の人生を生きている私たちの生を意味づけ直す役割を果たすことがあるのではないかということである。これは，歴史上の人物の考え方や生き方に共感し，自らの生を方向付けることがあるということと基本的に同じであると考える。

第Ⅲ部 「ともに学ぶ」とはどういうことか？

　以上のように，中学校で学習困難のある生徒が共同的な学びに参加するためには，こうした教科の本質にふれ，自己の「生」を見つめ直すきかっけとなるような学習を展開できるかどうかにかかっているといえるのではないだろうか。

注
1) 特別支援教育の対象者のなかには，不登校や学校不適応など，生徒指導上の課題を抱える子どももいる。昨今，虐待を受けている子どもが発達障害の様相を呈していることが多いことも認識されているおり（杉山，2007：宮本，2008），インクルーシブ授業を考えるうえでは，こうした生来からの発達障害児ではないが，認識面・情緒面で特別な支援を必要としている生徒に対する対応や支援の方法を検討することは避けて通れない問題である。
2) 生島はこうした人格特性を病理学的な意味ではない「強迫性」と表現している。
3) 福田は特別ニーズ教育には，次のように「パターナリズム（特に父権的温情主義）」が存在すると指摘している（福田，2014，156-157）。
「子どもたち一人ひとりに固有な『特別なニーズ』に誠実に応答しようとする教師であればあるほど…『特別なニーズ』を『発見』し，そのニーズに応答しようとするのだが，当該の子どもが本当はどうしたいのかを問うていないため，自らの応答を子どものためになる善行と思い込んでしまうことがある。」
4) 『中学校学習指導要領解説（社会編）』には，「鉄砲やキリスト教が伝来して南蛮貿易が盛んになり，それらが日本の社会に影響を及ぼしたことを扱う」とされている（文部科学省，2008，78）。この単元に関しては，教師用参考書の中で長篠の戦いを例にして，「戦法がどのように変わったか」を考えさせる授業が紹介されている（安野，2008，80-81）。
5) 村田はこの授業について，たとえばコンビニエンスストアの学習では，「『コンビニは消費行動の傾向を把握して販売活動をしている』という見方・考え方をつかませたい」と述べている（村田，2011，48-49）。筆者もこうした教材のとらえ方には賛同できるが，こうした見方や考え方をさせるために，「どのような消費行動になっているか」に焦点化し，視覚化してわかりやすくすることが重要なのではないと考える。そうではなく，筆者は「店長になったつもりでコンビニを運営してみる」といった文化的実践により，「消費行動」を実感することができ，「社会的なものの見方」を深めることにつながるのではないかと考えている。
6) 湯浅は青年期の教科指導では「自立に必要なリアルな学びを構想しながら，一方では，『できる』『できない』の能力主義的な世界を越える学びをどう構想するかが問われている」と指摘している。そして，こうした教科学習を構想する場合には，「調査・リサーチやプレゼンテーションなどの表現活動を軸にした授業」が学びの切り口になると指摘している（湯浅，2009，22）。

参考文献
熱田智（2009）「新しい生徒指導のかたち―自己理解と他者理解を基盤にした関係づくり―」．湯浅恭正編著『自立への挑戦と授業づくり・学級づくり』．明治図書，123-136．
生島浩（1999）『悩みを抱えられない少年たち』．日本評論社．
上田華（2009）「特別に支援する集団ではなく『ともに生きる集団』に」．湯浅恭正編著『自立への挑

戦と授業づくり・学級づくり』．明治図書，87-104．

片上宗二（2006）「社会認識教育の構造改革―視点と展望―」．社会認識教育学会編『社会認識教育の構造改革―ニューパースペクティブにもとづく授業開発―』．明治図書，15-25．

加藤好一（2014）『1時間ごとの課題・発問・板書を解説―中学地理の授業―』．民衆社．

熊野純彦（2003）『差異と隔たり―世界と他者にむけて―』．岩波書店．

小松克己・大野一夫・鬼頭明成・石井建夫（2012）『資料で学ぶ日本史120時間』．地歴社．

斎藤久美子（2007）「臨床心理学にとってのアタッチメント研究」．数井みゆき・遠藤利彦編著『アタッチメントと臨床領域』．ミネルヴァ書房，263-290．

篠原資明（2005）『ドゥルーズ―ノマドロジー―』．講談社．

杉山登志郎（2007）『子ども虐待という第四の発達障害』．学研．

西澤哲（1999）『トラウマの臨床心理学』．金剛出版．

橋本和明（2004）『虐待と非行臨床』．創元社．

福田敦志（2014）「特別なニーズのある子どもたち」．山本敏郎・藤井啓之・高橋英児・福田敦志編著『新しい時代の生活指導』．有斐閣，151-168．

船木亨（2014）『差異とは何か―〈分かること〉の哲学―』．世界思想社．

宮本郷子（2015）「インクルーシブ授業を支える学級集団づくり・授業づくり」．インクルーシブ授業研究会編『インクルーシブ授業をつくる―すべての子どもが豊かに学ぶ授業の方法―』．ミネルヴァ書房，109-123．

宮本信也（2008）「発達障害と子ども虐待」．『発達障害研究』第30巻，77-81．

村田辰明（2011）「全員がわかる社会科の授業づくり」．授業のユニバーサルデザイン研究会編『授業のユニバーサルデザイン　Vol.3』．東洋館出版，48-49．

村田辰明（2012）「社会科授業のユニバーサルデザイン～全員が，社会的見方・考え方をつくりだしていく授業づくり～『わたしたちのくらしと商店』」．授業のユニバーサルデザイン研究会編『授業のユニバーサルデザイン　Vol.4』．東洋館出版，40-51．

森分孝治（1978）『社会科授業構成の理論と方法』．明治図書．

文部科学省（2008）『中学校学習指導要領解説（社会編）』．

安野功（2008）『考える歴史2―思考と表現をつなぐイラストシート―鎌倉時代～江戸時代編』．東洋館出版．

湯浅恭正（2009）「子どもの生活力の育成と特別支援教育」．湯浅恭正編著『自立への挑戦と授業づくり・学級づくり』．明治図書，11-24．

終　章　インクルーシブ授業の原理と指導方法

1．インクルーシブ授業を支える学習観と指導方法

　本書は，インクルーシブ授業，すなわち，学習困難を伴う子どもを含めたクラスで共同的な学習を展開するためには，どのような学習観をもち，どのような指導方法を用いることが必要であるのかについて質的に分析・検討するものであった。本書から得られた知見は以下の通りである。

(1)「学ぶ」とは状況のなかで情動的に交流すること
　本書では，まず，「学ぶ」ということをどのようにとらえて，インクルーシブ授業を展開することが必要であるのかといった「学習観」について検討した。そこでは，学習困難児は授業のなかでつまずき，わかならいことが多々ありながらも，生活の文脈や状況のなかで，周りの友だちのやり方などを頼りにしながら，授業に「参加」しようとしていることが認められた（第1章）。
　具体的に，学習困難児の算数の「つまずき」を取り除く指導方法について検討したが，そこでは単に認知的に「わかりやすくする」というだけで学習困難がすべて解消できるというものではなく，教材に含まれる社会・文化的側面に注目し，子どもにとって「必然性」や「価値」のある問いを生み出すことが重要であると指摘した（第2章）。また，学習困難児が多くいるクラスでは，算数の授業のなかでさわったり，動かしたりする直接体験や，「ずるい」などの違和感をベースにして学習課題を解決する授業を展開することが必要であると指摘した。そして，能力差のある集団で授業を展開するには，課題を感性的にとらえ，集団のなかでみんなが関与しながら学習する授業を設計することが必要であると考えた（第3章）。
　こうした授業づくりのポイントは，国語においても同様であった。すなわち，学

習困難児の苦手な「物語の読解」を指導するときには，字句レベルで内容を理解できるように支援するだけでなく，感情を投影して読み，他者と情動的に交流しながら，授業に「多声的に参加」することで社会的な想像力へと高めることができると指摘した（第4章）。

このように，学習困難児が通常の学級のなかで学習参加を高めていくには，どのように教えれば良いかという点が強調されるのではなく，「文脈・状況」のなかで課題を感性的にとらえ，他者との情動的交流のなかで学ぶといった学習を展開することが必要であると考えた。

（2）「教える」と「わかる」を重層的にとらえ，動的に「つなぐ」こと

以上のような学習観を基盤にしてインクルーシブ授業の展開を考えると，「教師の指導性（教えること）」についてもとらえなおす必要があった。まず，「わかる」ということを，単に認識的・言語的にとらえるのではなく，感覚的・身体的な側面を含めて重層的にとらえ，他者と交流しながら「了解（共有）」を広げていくように指導することが重要であると指摘した（第5章）。

特に，ユニバーサルデザインの授業づくりで重視されている「視覚化」や「動作化」については，これらを単に「見てわかる」「動いてわかる」といった認知的理解を支援する方法として考えるのではなく，文化的実践として位置づけなおすことが必要であると考えた。たとえば，イラストを見たときに感じる印象を表現したり，歓声を上げながら体験することを通して，一人ひとりの学びの過程（カリキュラム）を創出することが，インクルーシブ授業では重要であると指摘した（第6章）。

また，学習困難児が参加している授業を分析すると，学習困難のある子どもでも授業のなかで興味を示したことについては，「しぐさ」や「つぶやき」などで反応していることが確認された。そして教師は，学習困難児のこうした（感覚的・身体的な）「しぐさ」や「つぶやき」を拾い，授業の流れや他者の考えと「つなぐ（重ね合わせる）」ことで，学習困難児が学習に参加できるようになると指摘した（第7章）。

さらに，学習困難児の「わからない」という状態は，「どのように考えたらよいかわからない」というばかりでなく，「固着した一つの思考から抜けられないでいる」こともあると指摘した。そのため教師は，複数の働きかけ（回路）を用意することで，「固着した思考」を切り離し（切断），「新たな結びつき（接続）」を形成することができるように指導することが必要であると指摘した（第8章）。

このように，教師は言葉にならない感覚的・身体的なしぐさやつぶやきを拾い，

他者と関わりながら子どもの「わかる」を広げていく授業づくりが重要であるということが本書の授業エピソードから示唆された。これは，偶然生じた一回性の出来事を教師が教材や他者と「つなぐ」といった「質の高い指導技術（授業設計力）」が教師に求められるということを意味すると考えた。

（3）「共同的に学ぶ」とは「個人と社会」「認識と感情」を重ね合わせること

最後に，授業をどのように展開すれば学習困難児がクラスの他の子どもたちと共同的に学習できるのかという点を検討した。ここでは，学習困難児を含めたクラスで「話し合い」を深めるために，教材に含まれている抽象的な言葉や感情語を取り上げ，感覚的・身体的に表現させ，それを他者と重ね合わせることで学びを「共有化」できると考えた（第9章）。

また本書では，多様な子どもが一つの教材のなかで共同的に学ぶために言語活動を充実させることが重要であると指摘したが，これは，単なる「話し合い」を組織すればよいというのではなく，「不条理」や「抑圧」「感動」といった平穏な日常を打ち破る状況のなかで成立すると考えた。そして，「話し合い」を通して生まれた他者との差異によって自己は明確になるという一方で，ときに自己と他者は重なり合い，そうしたなかで共同が紡ぎ出されるということを指摘した（第10章）。

ただし，生徒指導上の問題を抱える中学生は，成育歴等が影響して，自己イメージが断片化され，自己と社会の関係が不安定な状態にある生徒もいる。こうした中学生に対しては，「生」と結びつく問いのなかで学習することで，断片化された自己を再統合することができるのではないかと指摘した。この点について，本書では社会科の学習を取り上げて論じたが，そこでは生徒の実際の生活から遊離した教科学習（歴史や世界地理）だからこそ，現実の生活を超えた「生」のかたちを再構成する契機となるのではないかと指摘した（第11章）。

以上のように，「個人（主体）と社会」「認識と感情」の差異を意識しながら，その差異を一体的にとらえる実践を展開することによって，インクルーシブ授業，すなわち，能力差や学力差の顕著な集団のなかで子どもたちが共同的に学ぶ授業を創造することができるのではないかと考えた。

2．インクルーシブ授業研究の今後の課題と展望

本書は，筆者が参観した授業を質的に解釈・分析することで，インクルーシブ授

業の原理と方法を析出しようとするものであった。特に，ユニバーサルデザインの授業づくりと対比的に論じながら，学習困難児が共同的に学ぶ授業づくりの方法論について検討してきた。この検討のなかで見えてきたことは，子どもの能力に合わせた課題を用意したり，書き込みやすいワークシートを作成するなど，学習困難児に対する細やかな配慮や工夫についてはどのような授業でも必要であった。つまり，学習困難児のいるクラスでこうした配慮や工夫を行うことは不可欠のものであり，インクルーシブ教育を推進するうえですべての教師が実践すべきことであると考える。

　しかし，本書では，そうした配慮や工夫があればインクルーシブ授業＝共同的な学びが成立するというのではなく，教材選定や授業展開，教師の指導技術といった教育方法学的な視点から授業を深く解釈しなければならないということを指摘してきた。特に，学習困難児の学習参加は「できる」や「わかる」を認知・行動のレベルでとらえるだけでなく，もっと重層的にとらえ，「感覚的であればわかる」というような「何となく」または「あいまいな」理解を含めて授業を展開することで学習困難児の学習参加につながるということを強調してきた。これは，隣の友だちのやり方を「チラ見」し，解決方法を見つけるなど，集団のなかで学習課題を解決していく過程を生み出していくことでもあり，インクルーシブ教育の必要性が叫ばれる以前から，熟練教師の多くが実践してきたことである。

　このように，本書で示した授業エピソードの多くは，「特別な配慮が必要な子ども」の困難を通常の子ども（スタンダード〔standard〕）からどのくらいの差異があるのかをアセスメントし，それをふまえて困難の種類や程度を確定し，必要と考えられた「特別な支援」を提供するといった教育実践ではなかった。むしろ，筆者が訪問した学校の教師たちは，差異のある子どもたちが交流しあえるように教材を深く解釈し，学習困難児が教材や他者と新しい「つながり」を生み出せるように授業を展開しようと考えていた点に特徴があったと考える。

　この点を理論的に考察すると，本書で示したインクルーシブ授業の特徴は，認知・行動主義的な理論よりも，社会構成主義（あるいは社会文化的アプローチ）にもとづく学習理論のほうが親和性があるといえるだろう。そのため，社会構成主義にもとづく教育の重要性を早くから認識し，実践を展開してきた「学びの共同体」や「文化的発達」に関連する実践とは，授業改善の方向性が基本的に同じであると考えられる。

　すなわち，インクルーシブ授業とは，学習が理解できずに苦慮している学習困難児に対して，「わかる」ように視覚化し，焦点化すれば「解答できるようになる」

といった表層レベルの理解を促進する実践を展開することではなく，もっと根源的な「わかる」という状態を生成していくものであると考えられる。そして，こうした根源的なレベルで「わかる（すなわち，学習課題や教材とつながる）」ために，教師は他者と交わることができるように緻密に授業を設計し，さまざまな指導技術を駆使して共同を創り出すことが求められるのだと考える。

もちろん，これは「ただ話し合わせればよい」という実践ではなく，学習内容や課題を深く分析した上で，感覚的・身体的に交流させる授業づくりがインクルーシブ授業に求められているということである。また，共同的な学びを実現するためには，自他の差異を認めながらも，自他が重なり合う過程を創造するといった一見すると矛盾することを統一しながら授業づくりを行うことが求められていた。

本書では，以上のようなインクルーシブ授業を展開する教師には，「質の高い指導性」が求められると指摘してきたが，それでは，そうした指導性はどのようにして身につく（身体化される）のだろうか。また，子ども理解や授業展開を論じる際に，本書のなかで再三，指摘してきた個人（主体）と社会，あるいは認識と感情を「一体的にとらえる」とはいかなる状態であり，そうした状態を授業のなかでどのように創出するかという点については十分に論証できていない。今後，こうした点について，理論的・実践的にさらに検討することが筆者に残された大きな研究課題であると考える[1]。

本書は，質的研究，とりわけアクション・リサーチの方法論にもとづき，通常の学級で展開されている授業をエピソードとして示し，それを解釈することでインクルーシブ授業の特徴を描き出そうと試みるものであった。具体的には，近年の学習科学の知見やこれまで蓄積されてきた哲学または教育方法学の理論と接続させながら，特殊教育や特別支援教育の特質を超えるインクルーシブ授業の原理と方法を析出することが目的であった。こうした目的のもとで質的研究を進めてきたこともあり，本書では，あくまでも「仮説」を生成したにすぎないが，今後，本書で仮説的に示したインクルーシブ授業の原理と方法を，教師の質の高い指導性や個人（主体）と社会あるいは認識と感情の統一という観点から実証的・説得的に解明することが課題であると考える。

注
1) 個人（主体）と社会を一体的にとらえる理論については，これまでの哲学・教育方法学の分野でも存在する。たとえば，西田哲学では，知や認識を身体から遊離するのではなく，身体を通した環境との相互作用のなかで「自己の独立性を自覚することができる」と考えられている（檜垣，2011および三宅，2010を参照した）。また，吉本は，授業が成立する基本条件として，「主観―客観の関

係における対象認識の論理」とは異なり,「教科『内容』をめぐる相互説得＝『応答し合う関係』をつくりだし,その質を高め,指導していくこと」が重要であると考えた。ここでは,取り上げられた内容に関わり,「うなずき合う」ことや「首をかしげる」といった身体を媒介させた「知的・表現的な相互作用」が重要であると指摘されている（吉本,1980,20-21）。今後,インクルーシブ授業を分析する視点として,こうした個人（主体）と社会を一体的にとらえる理論を参考にすることが必要であると考える。

参考文献

檜垣立哉（2011）『西田幾多郎の生命哲学』．講談社学術文庫．
三宅浩史（2010）『三木清「哲学入門」パラフレーズ』．風詠社．
吉本均（1980）『授業成立の教授学』．明治図書．

あとがき

　本書は，科学研究費補助金を受けて行われた『インクルーシブ授業方法の国際比較研究』の成果の一部です。この研究は，特別支援教育の分野では十分な蓄積がなく，筆者にとっても未知の領域であったので，手探りのなかで進めてきました。そのため，訪問させていただいた学校の先生方と学習困難児について共通理解をはかり，そうした子どもたちのいるクラスでどのように授業を展開するかを一緒に考え，挑戦し，その結果，うまくいったり，いかなかったりの連続でした。

　こうしたなかで一本筋の通った知見を導き出すことはとても難しく，本書の内容には今後の検討が必要な個所が多くあります。たとえば，先日，日本教育方法学会で発表の機会をいただいたときにも，「授業を創造するとはどういうことか？」「学習困難児が授業に参加した結果，どのような力が身についたのか？」など鋭いご指摘をたくさんいただきました。本書ではこうした指摘にすべて応答できているわけではなく，本書の成果は質的研究を通して「仮説」を生成したということにとどまっています。

　しかし，学習困難児がクラスのみんなと楽しく学ぶ姿が見られる授業には，インクルーシブ授業の原理や指導技術が多く含まれているという点については，仮説的にではありますが，しっかり示すことができたと思います。もとより，「こうすればインクルーシブ授業がつくれる」という客観的・明示的な教育実践を論じることが本書の目的ではありませんので，インクルーシブ授業の底流に流れる学習観や教師の指導性の解明へとつながる壮大な旅路の出発点に本書があると位置付けたいと思います。

　本書を執筆するにあたり，茨城県内の多くの幼稚園・保育園・小学校・中学校の先生方にはお忙しいなか，授業参観や指導方法についてのご意見をお聞かせいただきました。本書で紹介している授業エピソードは数校に限られたものですが，訪問したすべての学校の子どもたちや先生方（ときには保護者）から多くのことを学ばせていただきました。これまで関係したすべての方に深く感謝申し上げます。

　また，これまでともにインクルーシブ授業の実践研究を進めてきたインクルーシブ授業研究会の先生方にも感謝申し上げます。本書のなかで，この研究会で議論してきたことを多く論述させていただきました。さらに，本書を刊行するにあたり，ミネルヴァ書房編集部・浅井久仁人さんに大変お世話になりました。このような出

あとがき

版の機会を与えて下さったことに深く感謝いたします。

　学習困難の有無にかかわらず，子どもたちをまるごととらえて，楽しく，みんなで学ぶ。こうした当たり前の，しかし，とても難しい授業づくりにたえず挑戦し続ける現場の先生方がインクルーシブ授業を創造するのだと思います。今後も，こうした先生方とともに考え，ともに悩みながら，「楽しく，みんなで，学ぶ」インクルーシブ授業を追究していきたいと思います。

　2015年11月

新井英靖

　　【付記】　本書は科学研究費補助金を受けて行われている研究『インクルーシブ授業方法の国際比較研究』（基盤研究（B）：研究代表者・湯浅恭正，研究課題番号25285215，平成25年度～平成27年度）の研究成果の一部である。

索　引

(＊は人名)

A-Z

ADHD　2
EQ　5
PISA 型学力　105

ア行

相づち　78
アクション・リサーチ　13
アサーショントレーニング　78
足場かけ　54
暗黙知　11, 103
居心地　56, 136
一回性　103
違和感　9, 55
インクルーシブ教育　1
インクルージョン　8
印象　86
＊ヴィゴツキー，L. S.　67, 88, 103
＊ウェンガー，E.　32
エピソード記述　14
＊エンゲストローム，Y.　7
エンパワーメント　136
応用行動分析　4

カ行

解離　142
学習ガイド　135
学習障害（LD）　2, 18
拡張学習論　7
学力　156
仮説生成　11
＊ガタリ，P-F.　9
価値　10
カリキュラム　3
感動　138
キー・コンピテンシー　5
机間指導　109
協働　7
協同　的な学習　6
共同　5, 7

──的な学び　152, 117
──的に学ぶ　135
学びの──化　135
協同（的）学習　18
協同学習　4
共同体　6
　解釈──　8
　学びの──　5, 118
共有化　72
虚構　60, 75
偶然　103
群島　127
計算障害　38
言語活動　131
高機能自閉症　2
行動主義　4
合理的配慮　2
国際学力調査（PISA）　5
孤絶化　142
個別の指導計画　1
コミュニケーション　124
コミュニティ　6
　学習──　78
　実践──　8
＊コルトハーヘン，F.　12

サ行

差異　6, 128, 157
再統合　143
参加　3, 24
算数的活動　47
視覚化，視覚（的構造）化　3, 59
自己中心性　60
質的研究　10
指導性　155
社会構成主義　5, 11
社会文化的アプローチ　11
習熟度別指導　4
授業設計力　156
熟練教師　12
障害者権利条約　2

状況的学習理論　98
省察　12
焦点化　72
情動の交流　155
＊ショーン，D.　11
スタンダード　157
接続　110
切断　110
相互作用　5, 105
想像力　9

タ行

対話の空間　78
多声的　7
断片　143
直感　55
チラ見　102
つぶやき　92
ディスカリキュラ（dyscalculla）
　　→計算障害
ディスレクシア（dyslexia）　80
同化　8, 25
動作化　72
当事者性　8
＊ドゥルーズ，G.　9
特殊教育　4
特別支援教育　1
＊トマセロ，M.　77

ナ行

認知特性　39
ネットワーク　7
能力　156
能力主義　152

ハ行

バリアフリー　2
反省の実践　11
＊ピアジェ，J.　50
必然性　41
表現活動　131

索　引

不条理　140
不適応行動　145
文化的実践　85
文化的発達　23
ペア学習　95, 120
平準化　4
補償的アプローチ　24

＊ポンティ，M.　88
矛盾　6
無人島　127

ヤ・ラ・ワ行

ユニバーサルデザイン　2, 17,
余韻　125, 137

＊レイブ，J.　32
連帯　6, 9
論理的思考力　35, 47, 50, 59
ワーキングメモリ　3, 39, 59
ワークシート　134, 157

著者紹介

新井 英靖（あらい・ひでやす）

　1972年生まれ。東京学芸大学大学院教育学研究科を修了後，東京都立久留米養護学校教諭を経て，2000年に茨城大学教育学部講師となる。現在，茨城大学教育学部准教授。博士（教育学）。著書に『英国の学習困難児に対する教育的アプローチに関する研究』（風間書房）などがある。

イラスト

正根知愛子（茨城大学教育学部学校教育教員養成課程特別支援教育コース）

福 島　澪（茨城大学教育学部学校教育教員養成課程特別支援教育コース）

山 口 華 苗（茨城大学教育学部学校教育教員養成課程特別支援教育コース）

アクション・リサーチでつくるインクルーシブ授業
───「楽しく・みんなで・学ぶ」ために───

| 2016年3月10日　初版第1刷発行 | 〈検印省略〉 |

定価はカバーに
表紙しています

著　　者	新　井　英　靖
発 行 者	杉　田　啓　三
印 刷 者	中　村　勝　弘

発行所　株式会社　ミネルヴァ書房
607-8494 京都市山科区日ノ岡堤谷町1
電話(075)581-5191／振替01020-0-8076

© 新井英靖, 2016　　　　　　中村印刷・清水製本

ISBN 978-4-623-07606-2
Printed in Japan

新しい発達と障害を考える本(全12巻)

学校や日常生活の中でできる支援を紹介。子どもと大人が一緒に考え、学べる工夫がいっぱいの絵本。AB判・各56頁　本体1800円

①もっと知りたい！　自閉症のおともだち
　　内山登紀夫監修　伊藤久美編

②もっと知りたい！　アスペルガー症候群のおともだち
　　内山登紀夫監修　伊藤久美編

③もっと知りたい！　LD（学習障害）のおともだち
　　内山登紀夫監修　神奈川LD協会編

④もっと知りたい！　ADHD（注意欠陥多動性障害）のおともだち
　　内山登紀夫監修　伊藤久美編

⑤なにがちがうの？　自閉症の子の見え方・感じ方
　　内山登紀夫監修　伊藤久美編

⑥なにがちがうの？　アスペルガー症候群の子の見え方・感じ方
　　内山登紀夫監修　尾崎ミオ編

⑦なにがちがうの？　LD（学習障害）の子の見え方・感じ方
　　内山登紀夫監修　杉本陽子編

⑧なにがちがうの？　ADHD（注意欠陥多動性障害）の子の見え方・感じ方
　　内山登紀夫監修　高山恵子編

インクルーシブ授業をつくる
――すべての子どもが豊かに学ぶ授業の方法

インクルーシブ授業研究会編
B5判156頁　本体2400円

●具体的な授業や子どもたちの様子を交えて、インクルーシブ授業づくりの「考え方」をわかりやすく解説。学生はもちろん、現場の教師にも有用な一冊。

特別支援教育のための　子ども理解と授業づくり
――豊かな授業を創造するための50の視点

湯浅恭正・新井英靖・吉田茂孝編著
B5判174頁　本体2400円

●特別支援教育の授業づくりで悩む先生のために。子どもたちを学びの主体に育てるための「教材づくり」「授業展開」のヒントを満載。

ミネルヴァ書房

http://www.minervashobo.co.jp/